DE GÊNIO E LOUCO TODO MUNDO TEM UM POUCO

AUGUSTO CURY
O AUTOR MAIS LIDO NO BRASIL NAS ÚLTIMAS DUAS DÉCADAS

DE GÊNIO E LOUCO TODO MUNDO TEM UM POUCO

Copyright © Augusto Cury, 2021
Direitos reservados desta edição: Dreamsellers Pictures Ltda.
Título: De gênio e louco todo mundo tem um pouco
5ª edição: junho 2023

O conteúdo desta obra é de total responsabilidade do autor.
Nenhuma parte deste livro poderá ser reproduzida, em nenhum meio, sem autorização prévia por escrito da editora.

Autor: Augusto Cury
Revisão: 3GB Comunicação
Diagramação: Manoela Dourado
Capa: Dharana Rivas
Imagem de capa: @ Mikel / Adobe Stock

Dados Internacionais de Catalogação na Publicação (CIP)
(Câmara Brasileira do Livro, SP, Brasil)

Cury, Augusto
  De gênio e louco, todo mundo tem um pouco / Augusto Cury. -- 5. ed. -- Ribeirão Preto, SP : Dreamsellers Editora, 2023.

  ISBN 978-65-996223-2-8

  1. Ficção 2. Ficção brasileira I. Título.

21-88836   CDD-158.1

Índices para catálogo sistemático:
1. Ficção : Literatura brasileira   B869.3
Maria Alice Ferreira - Bibliotecária - CRB-8/7964

DREAMSELLERS EDITORA
www.dreamsellers.com.br
editora@dreamsellers.com.br

ATENÇÃO!

Leia o QR Code abaixo com seu celular para receber bônus exclusivos do Dr. Augusto Cury

Siga o autor em suas redes sociais e receba outros conteúdos especiais

- augustocuryautor
- @augustocury
- Augustocuryautor
- @augustocury
- augustocury

Sumário

Carta aberta aos jovens … 9

Capítulo 1. O primeiro supermaluco: Bartolomeu, o filósofo das ruas … 11

Capítulo 2. A história do maluco … 15

Capítulo 3. Quando o mundo desaba sobre uma criança … 19

Capítulo 4. Bartolomeu e sua personalidade … 25

Capítulo 5. De orfanato em orfanato … 33

Capítulo 6. O maluco e a velhinha … 39

Capítulo 7. O sonho de Bartolomeu … 45

Capítulo 8. O mais maluco dos discípulos … 49

Capítulo 9. O perfil dos outros discípulos … 53

Capítulo 10. A grande surpresa de Jurema … 59

Capítulo 11. O segundo supermaluco … 63

Capítulo 12. A história do prefeito … 69

Capítulo 13. Einstein, um maluco genial … 75

Capítulo 14. O homem nasce neutro, a sociedade o corrompe … 81

Capítulo 15. Bons samaritanos ou sócios de funerária? … 85

Capítulo 16. Travado pelo medo — 91
Capítulo 17. Uma confusão dos diabos — 95
Capítulo 18. Uma família muito doida — 103
Capítulo 19. A grande surpresa — 109
Capítulo 20. A alegria cessou — 115
Capítulo 21. Assombrando Jurema à beira da morte — 119
Capítulo 22. O tiro saiu pela culatra — 123
Capítulo 23. Um golpe para corrigir outro golpe — 127
Capítulo 24. Falando por metáforas — 131
Capítulo 25. A forra de Boca de Mel — 135
Capítulo 26. Prefeito pensou que tinha morrido — 139
Capítulo 27. A ilha dos Demônios — 143
Capítulo 28. Ameaçados na ilha dos Demônios — 149
Capítulo 29. A conspiração — 155
Capítulo 30. Chocando psicopatas e assassinos — 159
Capítulo 31. Acerto de contas de Jurema — 163
Capítulo 32. A maior crise da história — 167
Capítulo 33. O maior sufoco da história — 175
Capítulo 34. Os porões da mente — 181
Capítulo 35. Curso para a formação de malucos — 187

Carta aberta aos jovens

Foram quase dez milhões de exemplares nesta década no país e, se cada exemplar é lido por três a cinco pessoas, há um número maior de leitores. Sou um eterno aprendiz, não me sinto merecedor desse sucesso. Mas, diante dele, gostaria de fazer um apelo intelectual, em especial aos jovens, em todos os países onde este livro for publicado: *precisamos ler mais*. Já sabemos da importância dos livros para a formação do ser humano, mas precisamos também ter convicção da importância da imprensa.

Estou particularmente preocupado com o futuro dos jornais. Em muitas nações, eles têm perdido espaço na era da internet. Alguns talvez não sobrevivam, o que poderá trazer graves consequências. A necessidade de novos leitores é vital. Explico-me.

A herança que estamos deixando para as gerações futuras é péssima. Nas próximas décadas ocorrerão cada vez mais catástrofes naturais devido ao aquecimento global, disputas internacionais, aumentos excessivos no preço do petróleo, dos alimentos e outros produtos básicos. Um barril de água poderá valer tanto ou mais que um barril de petróleo. A questão não é se vão acontecer esses fenômenos, mas quando e com que intensidade. Se em determinado momento toda a população mundial entrar no padrão de consumo da classe média, provavelmente será preciso outro planeta Terra para atender às necessidades. A conta não fecha. É preciso um desenvolvimento sustentável que preserve as próximas gerações. Na realidade, somos hóspedes, e não proprietários, deste belo planeta azul.

Como preparar a juventude para os graves problemas que enfrentará? Como equipá-la para minimizar as loucuras que nós, adultos, temos cometido? Os livros e as escolas são fundamentais nessa formação? Sim! Mas eles não conseguem acompanhar na plenitude as rápidas mudanças do mundo globalizado: econômicas, políticas, nos conflitos internacionais, na política ambiental, novas tecnologias. Num mundo globalizado, com problemas globais e mudanças rápidas, é necessário atualizar o conhecimento frequentemente. Nesse aspecto, os jornais diários e as revistas informativas são insubstituíveis.

O conhecimento é a única ferramenta que nos retira da condição de servos do sistema social e nos torna autores da história, pelo menos da nossa história. Em minha opinião, os jovens de hoje e do futuro não poderão ser repetidores de ideias; devem ser pensadores. Precisarão se nutrir com um cardápio de conhecimento para desenvolver a consciência crítica, a solidariedade, o altruísmo, a capacidade de pensar antes de reagir, de pensar em longo prazo, de expor, e não impor, suas ideias, de se colocar no lugar dos outros, de respeitar as diferenças e ser consumidores responsáveis. Precisarão libertar a criatividade para dar respostas inteligentes aos graves problemas que hoje se desenham. Precisarão se tornar seres humanos sem fronteiras, capazes de pensar na família humana, e não apenas no solo em que seus pés pisam. O corpo de conhecimento oferecido pelos grandes jornais, embora necessite ser completado, pode contribuir para esse desenvolvimento.

Quem dera se, nas escolas de ensino médio e universitário, lessem, debatessem e assimilassem temas relevantes levantados e discorridos pela imprensa. Espero que os jovens, bem como os adultos, descubram cada vez mais o prazer de folhear um jornal. É um ritual mágico.

Um brinde à liberdade de imprensa e à expressão do pensamento. Um brinde aos futuros líderes que sonham e batalham por um mundo melhor.

Augusto Cury

CAPÍTULO 1

O primeiro supermaluco: Bartolomeu, o filósofo das ruas

Fim de tarde. Nada de novo pairava no ar. A sociedade tornara-se um caldeirão de estresse. A ansiedade fazia parte da agenda de cada ser humano. Todos andavam inquietos. O trânsito era igualmente infernal. Alguns motoristas arrancavam os seus cabelos, outros xingavam e gesticulavam raivosos e ainda outros tentavam empurrar os carros da frente na base da buzina.

Profissionais, com cérebros fervilhando, saíam dos escritórios mudos, carregando o corpo, parecendo máquinas em fase final de uso. Pais, impacientes, repetiam todos os dias os velhos sermões para filhos, que cometiam os mesmos erros. Professores, com nervos à flor da pele, sentiam que deram aulas para extraterrestres sintonizados em outros mundos. Garotos e garotas grudavam em seus celulares e navegavam pela internet euforicamente, mas se esqueciam de se conectar consigo mesmos. Meninas se autopuniam diante dos espelhos e repetiam a velha frase às avessas: espelho, espelho meu, existe alguém com mais defeitos do que eu?

Ninguém se reinventava, nem adolescentes nem adultos; viviam engessados. Esforçavam-se para ser normais sem saber que a normalidade era uma grande loucura. Tudo se repetia numa infindável rotina. De repente, quando nada diferente parecia ocorrer debaixo do sol, apareceram dois malucos, aliás, supermalucos, transformando a cidade num circo social e colocando esse circo de pernas para o ar.

Os sujeitos eram tão amalucados, pirados, aluados, mas ao mesmo tempo tão criativos e instigantes, que por onde passavam agitavam mentes e contagiavam intelectos. Eram o terror dos certinhos, quadrados, tímidos, puritanos.

O primeiro supermaluco chamava-se Bartolomeu. Seu apelido, Boquinha. Para os íntimos, Boquinha de Mel. Para os inimigos, Boca Grande, Bocarra, Bocaça ou até Garganta do Diabo. Apelidos conquistados porque o sujeito não controlava sua língua. Era hiperfalante, conversava compulsivamente. Falava dormindo, falava acordado. Falava se aplaudido, falava mais ainda se vaiado. Dizem as más-línguas que não nasceu chorando, nasceu perguntando. Foi o primeiro bebê que questionou o médico que o expulsou do útero materno:

– Ei, cara? Quem é você? Você está me amassando? Onde está minha "mama"? Tô com fome, pô!

Claro, as más-línguas exageravam ao falar dele, mas não muito. Tudo no espertalhão era exagerado. O pior era que Boquinha dizia entender de tudo. Dava opinião sobre tudo, desde átomos até minhocas. Discorria sobre estrelas, buracos negros, teoria da relatividade, economia, política e, também, obviamente, a vida alheia. O mais engraçado era que ele acreditava que era um notável pensador, um debatedor de ideias; por isso, gostava de ser chamado de O Filósofo. Bem entendido, um pensador dos bares, um filósofo das ruas, da vida boêmia, do mundo dos miseráveis. Por não conseguir controlar sua fala, tornara-se o maior especialista em dar nota fora.

Levava a vida na maciota, na flauta doce. O Filósofo amava discursar, mas gostava pouco do "basquete", do trabalho pesado. Às vezes, entrava num boteco duríssimo. Ficava olhando para o alto com ar vago. Ninguém sabia se ele era gênio ou psicótico. Depois de dez minutos fixo no vazio, movimentava-se como um robô. Não havia quem não fosse cativado por ele. "Quem é este estranho?", pensavam uns. "O que ele está observando? Será ele um doente mental?", pensavam outros. O maluco era espertíssimo. Estava sempre esperando um curioso lhe perguntar:

— O senhor está se sentindo bem? O que está observando? Mexeu com ele, caiu na rede. Com ar compenetrado, como se fos-se um profundo construtor de pensamentos, exagerava:

— Tô tentando resolver um grande problema da humanidade.

A pessoa sorria e pensava "eis mais um doido!". Mas era exatamente isso que ele queria que pensassem. Então, colocava um anzol na boca do curioso. Elevava o tom de voz e fazia o que mais gostava: dar um nó na mente dele.

— Einstein, meu amigo, você tem razão, maaas... — comentava, falando pro ar como se tivesse encontrado uma grandiosa resposta.

A pessoa ficava ainda mais curiosa com seu jeito. "Questionando Einstein? Isso é um delírio!", pensava. Quando o sujeito menos esperava, Boquinha o fisgava. Nesse momento, voltava do céu para a terra, olhava para o curioso, fixava bem sua retina e com a voz vibrante dizia, com imbatível convicção:

— Einstein, meu caro, comentou que a energia é igual a massa vezes a velocidade da luz ao quadrado. Mas, se acrescentarmos em sua fórmula a raiz quadrada dividida por dois, multiplicada pelo dobro da velocidade da luz, teremos, afinal, a solução para resolver o problema de energia da humanidade.

O curioso ficava completamente perdido. E o esperto continuava a dar um nó na sua mente. E exaltando a si mesmo e mostrando intimidade com Einstein, dizia:

— Albert, se você estivesse aqui, me daria um beijo no cérebro.

Encontrei a resposta! Finalmente!

Depois dessa confusão, o curioso não sabia se ria ou se chorava.

Nesse momento, o Filósofo dava-lhe o bote. Dizia:

— Você entendeu a equação?

O sujeito franzia a testa e abria as mãos expressando que não sabia nem o motivo pelo qual o estava ouvindo. Esse era seu segredo, falar sem nunca explicar. Desse modo, o espertalhão engolia o ingênuo.

– Meu bom homem, responda-me com sinceridade. Se você tivesse oportunidade, gostaria de ajudar a humanidade?

Surpreendido, o curioso respondia quase imediatamente:

– Sim. Não há dúvida.

Boquinha elevava mais uma vez o tom de voz e cumprimentava-o pela sua solidariedade com o próximo.

– Parabéns! Acaba de ter essa oportunidade.

"Onde? Como? De que forma?", pensava o sujeito. Então, com a cara mais deslavada do mundo, Boquinha dizia:

– Invista em mim. Pague-me um sanduíche e um "trago" para esquentar o cérebro deste humilde pensador da universidade de "Harvaroxford" – tapeava o curioso falando rápido o nome da universidade fictícia na qual pesquisava, que derivava da mistura das palavras Harvard com Oxford.

Constrangida, a pessoa pagava. Ficava em dúvida se estava diante de um louco ou de um gênio. E, após receber os trocados, Boquinha tinha ânimo de dizer para o sujeito que caíra na sua armadilha:

– Farei menção honrosa ao seu nome.

– Onde? – perguntava o ingênuo.

– Quando em breve ganhar meu Nobel de Física, meu dileto amigo.

A pessoa saía feliz da vida achando que contribuíra para a humanidade. Dava-lhe até uns trocados a mais para o almoço de amanhã. Sim, contribuíra para o jantar de um vigarista bom de papo. Todo o diálogo não podia passar de dois minutos. O tempo era seu maior inimigo. Se demorasse mais, haveria risco. Seu Marcondes, o português dono do botequim, coçava a cabeça e dizia:

– O Boca Grande papou mais um. E hoje bateu recorde de tempo.

CAPÍTULO 2
A história do maluco

Bartolomeu, ou Boquinha, ou Filósofo, como queira, era um espertalhão, mas não furtava, não batia carteira, não vendia falsos bilhetes premiados, não enganava velhinhos. Sua especialidade era ganhar o pão de cada dia dos espertos sem trabalhar, na conversa. Tinha uma alma de criança. Era de um bom humor invejável, um palhaço ambulante. Nem sempre se saía bem. O filósofo das ruas não poucas vezes dava com os burros n'água, enfiava a cara na lama. Fazia piada de tudo, até dele mesmo. Dava risada da sua estupidez.

O jeito de se vestir, andar, viver, era diferente. Era um miserável, não tinha riqueza, joias, carros, celulares, nem casa para morar, mas tinha o que muitos procuravam: uma mente livre. Bartolomeu fez, junto de seu companheiro de estrada, Barnabé, quando ainda eram adolescentes, uma música chamada "Louco genial". Fizeram dela um tema para as suas vidas. Cantavam-na na saída dos teatros, escolas, reuniões de executivos, enfim, em todos os lugares, em especial quando os "normais" da sociedade olhavam para eles com desprezo.

Você acorda, levanta, reclama e faz tudo igual
Luta para ser aceito, notado e sair no jornal

Corre atrás do vento como uma máquina imortal
Morre sem curtir a vida e jura ser uma pessoa normal

Olha para mim e me diz com ironia social
Eis aí um maluco, um sujeito anormal
Sim, mas não vivo como você em liberdade condicional
Sou o que sou, uma mente livre, um louco genial.

Bartolomeu era um mestre em maluquices. Amava os adolescentes, chamava-os de "grandes cérebros". Mas cutucava os mauricinhos que gostavam de torrar a grana dos pais sem nenhum sentimento de culpa, os fissurados em produtos de marca. Tirava sarro deles cantando a sua música. Em pouco tempo ela se tornou um sucesso nas escolas. Alguns alunos cantavam-na até em sala de aula.

Era um provocador. Sua calça era rasgada, seu relógio adiantava uma hora por dia e seu sapato direito tinha dois furos. Ao vê-lo, muitos jovens gozavam dele. Mas ele não se aborrecia. Usando suas "doidices" intelectuais, o filósofo das ruas chamava os garotos em tom irônico e dizia:

– Grandes cérebros, o que dá *status* não é a marca dos produtos, mas o sujeito que os usa. Veja como este maluco é belíssimo, tremendo. Era um maltrapilho livre, não tinha nada, mas tinha tudo. Após dar um choque nos adolescentes, entregava uma semente de árvore para cada um e saía dando gargalhada de si mesmo, dançando como Charles Chaplin interpretando um miserável, aos pulos e batendo uma perna na outra. Muitos adolescentes se tornavam seus admiradores. Eles o apelidaram de Belezura!

Uma coisa era incontestável: de baixa autoestima jamais morreria. Apesar da sua imensa pobreza, tinha doses elevadas de alegria. Claro, as doses eram exageradas, vivia um tanto fora da realidade. Mas era seu jeito de ser. Era um herói diante da miséria social existente nas imensas cidades. Foi esmagado pela vida, mas sobreviveu.

Gostava de perturbar os intelectuais. Achava que a maioria deles era pessimista, fechada, melancólica. Para ele, os intelectuais deveriam ser como Einstein, meio músico, meio palhaço, meio "louco".

– Igual a mim – dizia batendo no peito.

Apesar de não ter tido oportunidade de cursar uma universidade, o "maluco total" gostava de ler a biografia dos grandes pensadores da humanidade. Claro, Boquinha achava que pertencia ao time deles.

O grande problema é que quem andava com o gênio da maluquice ficava também um pouco amalucado, pirado, lunático. Sua alegria era contagiante. Ao se aproximarem dele, alguns jovens passavam a considerar filmes sobre vampiros, bruxos e até jogos de videogame pouco excitantes.

– Grandes cérebros, quem turbina a emoção é a imaginação – instigava os jovens.

Magro, esguio, cabelos pretos, relativamente curtos, que provavelmente havia semanas não viam pente nem água. Pele clara, sobrancelhas exaltadas, rosto um pouco inchado. Sua infância fora saturada de perdas, rejeições, decepções. A vida desde cedo abriu valas profundas na formação da sua personalidade.

Sua mãe, Anna, era dócil, afetiva, generosa, mas seu pai, Bartolomeu Fontes, nunca esteve preparado para ter filhos. Era insensível, impulsivo, violento e ainda por cima alcoólatra. Jamais o abraçou, jamais o beijou nem lhe contou histórias.

Espancou mais de dez vezes o menino. Dava-lhe surra com qualquer objeto que encontrava, fios de ferro, vassouras, tapete de banheiro. O pequeno Bartolomeu conheceu a dor da rejeição mais do que os que foram excluídos pela cor, raça, sexo, religião.

– Você é uma decepção – dizia o pai algumas vezes. – Não sei por que esse menino nasceu – dizia outras.

Quando bebia delirava, criava ideias falsas, mas acreditava nelas. Acusava sua mulher de traição. Quebrava tudo em casa. Bartolomeu, embora fosse uma criança, tentava protegê-la da violência dele. Empurrado pelo pai, uma vez quebrou o braço direito. Duas vezes quebrou o nariz e sangrou muito.

Anna jamais denunciou o marido. Primeiro porque tinha medo de que ele fosse preso, e, como ela apenas exercia trabalhos temporários, achava que o pequeno Bartolomeu passaria fome. Segundo, porque era imigrante ilegal. Tinha medo de que, se fizesse uma denúncia, seriam deportados para seu país de origem, uma favela sem condições mínimas de sobrevivência, com esgoto a céu aberto, sem luz e água encanada. Nesse lugar, um terço das crianças morria no primeiro ano de vida. Os países que recebiam imigrantes sugavam-lhes o sangue e os tratavam sem dignidade, sem direitos mínimos, mas, apesar disso, o ambiente era melhor que o lugar de onde vieram. Terceiro, porque não tinha amigos nem parentes onde morava.

A violência doméstica contra as crianças e as mulheres era mais frequente do que se imaginava, mesmo em países desenvolvidos, mas alguns governos fechavam os olhos para esse gravíssimo problema. O marido de Anna a isolou da sociedade. Era uma escrava vivendo em sociedade livre. Entre a cruz e a espada, Anna preferiu se calar. Pagou um preço caríssimo. Sacrificou sua vida e o futuro do pequeno Bartolomeu. O menino tinha pavor do pai. Não conheceu guerras, nem precisava, viveu um dramático clima de violência numa sociedade aparentemente livre.

CAPÍTULO 3
Quando o mundo desaba sobre uma criança

Para compensar a violência na família, diariamente Anna contava histórias, lia livros e revistas em quadrinhos para seu pequeno filho. Dava asas à imaginação do menino. Bartolomeu era agitado, inquieto, e aos poucos começou a se tornar uma criança falante, esperta, perguntadora compulsiva. Colocava a mãe em saia justa com questões tais como: "O que é o céu? Por que a Terra não cai? De onde vem o xixi?". Quando nasceu o segundo filho do casal, o pai perdeu o emprego.

Começou a beber mais ainda. Diariamente gritava:

Doe esse menino! Ele vai morrer de fome! Nem nós temos o que comer.

A mãe resistia com todas as forças. O bebê tinha insônia pela fome que passava. Humilhada, a mãe pedia socorro para algumas vizinhas. Mas eram tempos difíceis, o desemprego era grande.

Vendo seu filho anêmico, abatido e com desenvolvimento abaixo do normal, a mãe, sob pressão do pai, o doou. O bebê tinha menos de um ano de idade, e Bartolomeu estava com cerca de quatro anos. A alegria de Bartolomeu era fazer seu pequeno irmão sorrir, embora em alguns momentos tivesse crises de ciúmes. Dividir a mãe com ele era muito desconfortável. Quando o irmãozinho subitamente desapareceu, parecia que um ladrão havia invadido seu mundo e lhe tirado o melhor brinquedo sem lhe dar explicações.

Bartolomeu pedia por ele constantemente. Abateu-se, angustiou-se, deixou de brincar por semanas. A mãe, por outro lado, tomada por intenso sentimento de culpa, deprimiu-se, achava-se a última das mulheres. Quando Bartolomeu tinha sete anos, o pai morreu subitamente. Um alívio e uma dor.

Abatida e com escassos recursos para cuidar do filho, Anna temia o pior. O menino ia de manhã para a escola e de tarde retornava e ficava sozinho em casa, enquanto ela fazia serviços domésticos na casa dos outros. Bartolomeu conheceu o sabor amargo do desprezo desde pequeno. Era zombado pelos garotos da escola porque vestia calças que mostravam as canelas e camisas que revelavam a barriga. Não mais lhe serviam, pois crescera.

Prostrada pela crise depressiva e pela crise financeira, Anna só conseguia trabalhos temporários e ganhava insuficientemente para sustentá-los. E o pior de tudo é que começou a ter dores abdominais intensas e inexplicáveis.

Desprotegida, sem amigos, sem plano de saúde, juntou o pouco dinheiro que tinha para fazer uma consulta médica. O resultado não poderia ser pior. Teria de ficar internada para se tratar. "Onde? Como?", pensava ela em pânico. Não enxergando outra possibilidade, traçou um plano que cortaria sua alma ao meio. Deixaria seu filho na porta de um orfanato de freiras no final da velha avenida John F. Kennedy. Preferia morrer de saudade a ver seu filho morrer de fome. Executou seu plano silenciosamente, mas gritava e chorava por dentro. Ao se aproximar do orfanato, disse ao pequeno Bartolomeu:

– Meu filho, sinto muito. Você precisa ficar aqui – falou, com profundo ar de tristeza, com os olhos lacrimejando, contraindo o rosto. Não lhe disse que daquele dia em diante talvez nunca mais se vissem. O menino, esperto que era, entendeu que viveria o pior dia da sua vida. Entrou em crise imediatamente.

– Por quê, mamãe? Não vá... vá... embora – disse ele soluçando, tentando enxugar suas lágrimas com as mãos.

Ela tentou explicar.

– Você está magro, não vê? Quase não come. Pode morrer de fome.

Aflito, o pequeno Bartolomeu tentou dar uma solução. A fome de amor era mais cara para ele que a fome de alimentos:

– Eu fico sem jantar, mas não fico sem você – expressou angustiado.

Essas palavras cortaram o coração da mãe, que já estava despedaçado. Para o filho, ele e sua mãe eram quase a mesma coisa, enfrentariam o mundo juntos, viveriam juntos e, se necessário, morreriam juntos. Então Anna lhe disse algo incompreensível:

– Estou doente, meu filho. – Mas não entrou em detalhes sobre sua doença. E continuou: – Não tenho família, amigos, dinheiro nem emprego certo. Se você me ama, fique, e me deixe procurar ajuda.

De fato, não podia contar com ninguém.

– Eu cuido de você, mamãe – disse aos prantos Bartolomeu, recordando quando abraçava sua mãe enquanto seu pai espancava os dois.

Antes de partir, sua mãe disse algumas palavras que jamais saíram da mente de Bartolomeu.

– Não espero que você me perdoe, só espero que me compreenda, pelo menos um dia.

E tirando forças da sua fragilidade, puxou do bolso esquerdo do seu velho casaco marrom uma carta para entregar às freiras. E apertou a campainha. Em seguida, pediu que ele olhasse no buraco da fechadura da grande porta de ferro da entrada do orfanato e visse as crianças brincando. Ele não queria olhar, mas ela insistiu. Nesses segundos de distração, ela correu e entrou no ônibus público que acabara de estacionar poucos metros à sua frente.

Quando a avistou entrando no ônibus, o pequeno Bartolomeu largou sua velha e pesada mala preta que a mãe achara num depósito de lixo e correu atrás do veículo.

– Mamãe! Mamãe! Mamãe! – Mas não deu tempo... Ela virou o rosto para não vê-lo e não morrer antes do tempo.

A mala havia se aberto, e as roupas velhas e rasgadas se esparramaram ao vento pela escada do orfanato. Precisava recolher suas roupas, mas o mais difícil era recolher os fragmentos da sua vida. As roupas e outros objetos não tinham qualquer significado para quem perdera o essencial. O vento frio revolvia seus cabelos, mas não o refrescava.

Como milhões de outras crianças espalhadas pelo mundo, Bartolomeu começou a entender que o sol não nasce para todos, pelo menos não na mesma intensidade. Era uma dor imensa para caber no mundo de uma só criança. Mal o menino começava a andar e perdera seu chão para caminhar...

O pequeno Bartolomeu chorou dia e noite por uma semana. O orfanato chamava-se Liceu do Paraíso. Mas o "Paraíso" estava longe de ser um paraíso educacional. Tinha poucos recursos, paredes desbotadas, reboco caindo, piso faltando, lajotas, cadeiras e mesas quebradas. Os quartos cheiravam a mofo, as camas eram duras e os velhos cobertores pouco aqueciam. Havia escassez de alimentos e de brinquedos.

As freiras eram afetivas, mas bem idosas, com média de idade acima dos setenta anos. Não poucas delas já ultrapassavam os oitenta e mal davam conta de si mesmas. Estavam em fim de carreira. Não havia jovens que se interessassem em substituí-las nessa missão destituída de *status social*, mas de grande valor humano. Os poucos funcionários do Liceu do Paraíso eram mal pagos e raramente tinham paciência com as crianças com quem a vida havia sido intolerante.

A freira que presidia a instituição estava com 78 anos. Chamava-se Doroty. Era uma pessoa raríssima, alegre, inteligente e dinâmica, apesar de andar com dificuldades e ter mal de Parkinson expressivo. Suas mãos tremulavam, e ela mal conseguia se alimentar sem ajuda dos outros. Ao ver Bartolomeu chorando inconsoladamente, aproximou-se dele.

Em vez de tecer-lhe conselhos vazios, ela foi direto ao foco de tensão psíquica:

– O que você pensa da sua mãe?

– Eu odeio minha mãe.

– Pode alguém odiar uma heroína? – ela retrucou enfaticamente.

– Por que você diz isso? – perguntou ele, perturbado.

– Porque eu li cinco vezes a carta de sua mãe. – Em seguida fez uma pausa. – Nessa carta, ela resume sua história e as imensas tristezas que passou com seu pai, a perda do seu irmão e o sofrimento de ter de se afastar de você. Para ela, você era seu tesouro, sua alegria, seu mundo. E o sonho dela é que você seja o jovem mais feliz do mundo, apesar de ter todos os motivos para ser o mais infeliz.

Essas palavras penetraram como flecha na mente do menino. Em seguida, Doroty comentou:

– Jamais vi uma mãe tão forte diante de tantas perdas. Não a culpe.

– Mas eu podia cuidar dela. Ela me abandonou. Todo mundo me abandona – falou entristecido.

Nesse momento, a irmã Doroty o abraçou.

– Estou aqui e não vou te abandonar.

E resolveu contar a real doença da sua mãe, que ela havia omitido para protegê-lo. Anna estava com câncer pancreático. Sua doença era muito grave. Se não se tratasse num grande centro, com as melhores técnicas, morreria em alguns meses. Tentaria procurar alguma fundação ou instituição que tratasse de pessoas carentes. "Mas quem cuidará do meu filho? E se eu não sobreviver? Como será seu futuro?", pensava e se atormentava.

O menino não tinha forças para perdoá-la, mas começara a compreendê-la. Sua dor não seria resolvida, mas as fagulhas da compreensão o aliviariam pouco a pouco.

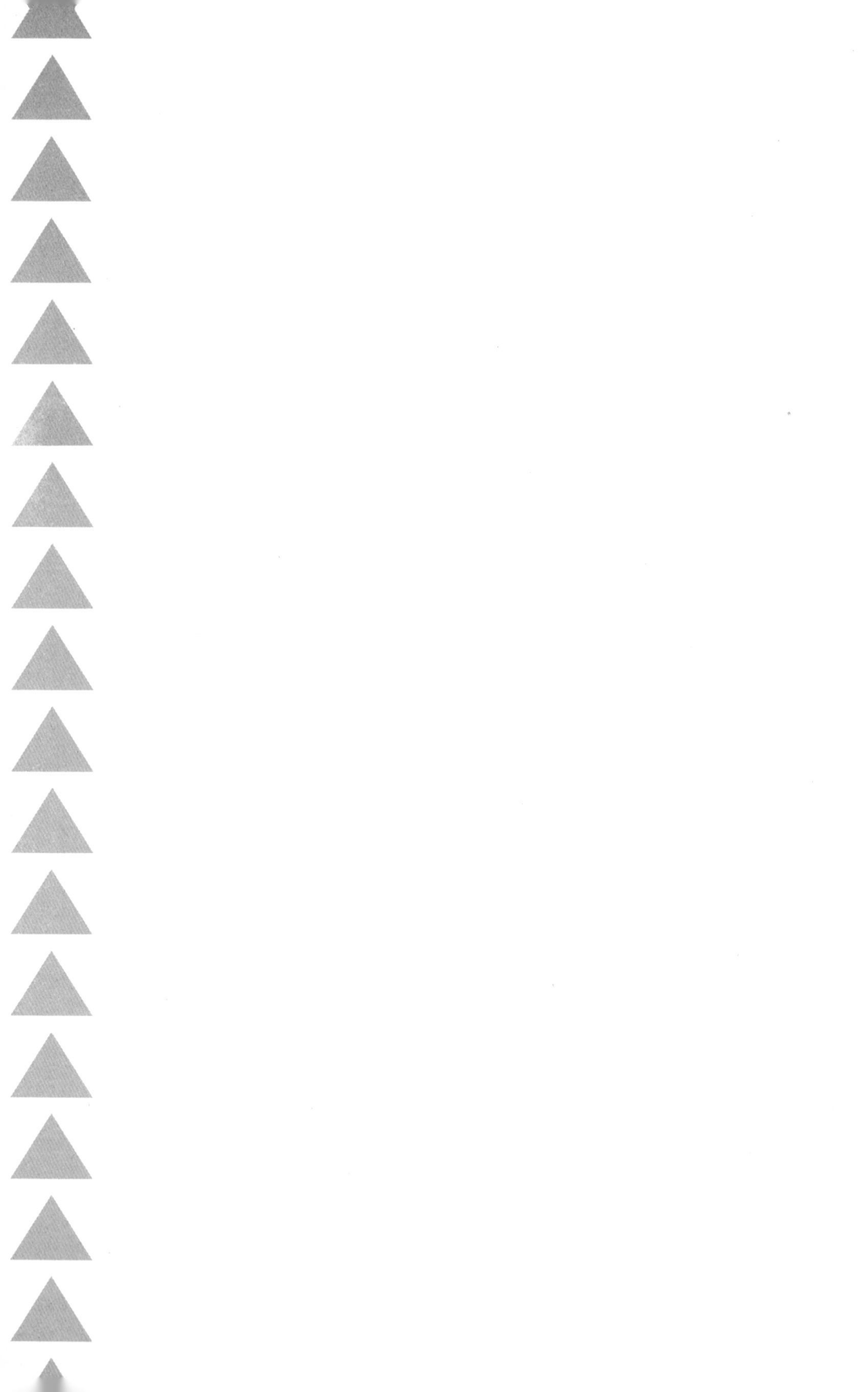

CAPÍTULO 4
Bartolomeu e sua personalidade

Doroty começou a ser a tutora, protetora e educadora de Bartolomeu. Gastava tempo com o menino e ensinava-lhe algumas lições que ela mesma aprendera a duras penas ao longo de sua difícil história:

– Nunca tenha inveja das outras crianças que têm pais, casas, brinquedos, roupas novas. Quem tem pouco pode ter muito, e quem tem muito pode ter pouco. As regras da matemática da emoção são diferentes da matemática dos números.

Eram palavras difíceis de compreender para um menino de sete anos de idade. Mas Doroty gostava de fazer o pequeno Bartolomeu pensar.

– Nunca reclame do que não tem, mas exalte sempre o que tem. Assim, você encontrará grandeza nas pequenas coisas. Não viva debaixo do estímulo-resposta, ação-reação, bateu-levou. Não agrida quem te agride. Não compre a violência que você não produziu.

Quase diariamente provocava a inteligência dele com metáforas, expressas por símbolos e imagens. Dizia para o pequeno Bartolomeu que a linguagem das metáforas era a linguagem da imaginação. Ela abria o leque da inteligência e falava mais profundamente que as palavras. Doroty disse que ela foi utilizada pelos gênios da história para elaborar as grandes ideias, produzir as brilhantes sacadas, *insights*, respostas, soluções.

A idosa freira, às vezes, pegava um catálogo e perguntava:

– Como você acha que os artistas construíram as melhores pinturas, composições musicais, esculturas, arquitetura, Bartolomeu?

– Ele não sabia responder.

– Por meio do seu imaginário. Pense com imagens, menino. Pense com exemplos. Liberte sua inventividade – enfatizava ela.

Doroty era uma especialista em pedagogia e construção do pensamento. Mas ficara grande parte da vida fechada num convento. Era uma pérola dentro de uma ostra. Se estivesse numa grande universidade, teria feito história na ciência.

Somente quinze anos após sua formação resolveu sair do convento e abrir um orfanato. Acolhia meninos e meninas que eram "vomitados" pela sociedade, jovens-problema. Abriu um orfanato porque ela mesma fora uma criança abandonada. Não conheceu seus pais, e quando adolescente fora abusada sexualmente. Mas aprendeu a plantar flores em terrenos arenosos. Segundo ela, inspirava-se na psicologia do Mestre de Nazaré, que havia sido perseguido na infância, mas, usando seu imaginário, aprendeu a erguer os olhos e ver campos floridos onde só havia pedras e areia.

Ao ver Bartolomeu cabisbaixo e sentindo-se diminuído diante dos outros garotos, ela o instigava:

– Pare de se lamentar! Levante a cabeça! Lute para encontrar sua liberdade no espaço que você tem!

Doroty não tratava o pequeno Bartolomeu como um coitado, digno de pena, condenado para sempre à autodestruição, à depressão, ao complexo de inferioridade e à miserabilidade social. Queria despertá-lo:

– Fale sempre o que pensa! Não se intimide! Solte-se! Não se sinta inferior a ninguém, nem ao presidente do país! Não perca tempo invejando os outros. Reinvente-se! Não se conserta o passado, só o futuro. Você está me ouvindo, menino?

Ela pegava um quadro de pintura, fazia desenhos e depois colocava outros traços, mudando a paisagem. Ensinava o menino que se reinventar era acrescentar algo novo, e não reclamar do velho.

As palavras e os exemplos de Doroty colocaram combustível na capacidade de Bartolomeu de interpretar os eventos e se relacionar. Seu lado cômico aflorou, o ímpeto de falador sobressaiu-se. Aos poucos metia o bedelho no tempero da comida, na roupa de cama e até no comportamento das freiras. Ele se tornara a alegria dos outros meninos, mas o terror do orfanato para os funcionários. Alguns achavam que Doroty estragara o menino. Mas ela se divertia com seu pupilo.

A idosa freira fugia completamente ao padrão convencional das irmãs. Gostava de dançar, mesmo com mal de Parkinson. Curtia alguns tipos de *rock* e apreciava contar piadas. Sentia que aquelas crianças "endiabradas" precisavam de menos críticas e mais compreensão, menos punição e mais abraços. Certa vez contou esta piada para Bartolomeu e outros garotos:

Havia um grande manicômio. Um louco subiu numa árvore e disse: "Eu sou um grande deputado!". Outro, num galho mais alto, disse: "Eu sou maior! Sou um grande senador!". Outro, num galho mais alto ainda, se achando mais poderoso do que todos, bradou: "Ninguém se compara a mim! Eu sou o presidente". Inconformado, um doente que ficava numa cadeira de rodas perguntou: "Quem disse que você é o presidente?". Ele afirmou categoricamente: "Foi Deus!". Nesse momento, um psiquiatra que estava na ponta da árvore, quase caindo, disse ao da cadeira de rodas: "Não confie em político, meu filho. Eu não disse nada!".

Ela contava as piadas e morria de rir. Alguns meninos mais ligados a ela e a Bartolomeu também se esborrachavam de gargalhar. Doroty tinha alto apreço pelos psiquiatras, sempre pedia socorro a alguns deles que eram seus amigos. Mas achava que o exercício da profissão, lidar com a dor humana diariamente, os tornava sérios, tensos e fechados demais. Ótimos para os outros, mas não para eles.

Sentia que deveriam ser mais bem-humorados, românticos, aventureiros. Muitas freiras e funcionários adoeciam no orfanato por lidar com as misérias humanas. Ela não admitia nem podia adoecer. Soltava-se, tornava-se uma menina com os meninos.

Na profunda pobreza encontraram abundância de alegria. Bartolomeu foi treinando a se soltar, refinar seu humor e se tornar um piadista. Gostava de ser encarregado de dar comida na boca da idosa freira. Aprendia rápido e inadequadamente a capacidade de aproveitar as oportunidades. Não sabia pedir. Bastava uma distração da irmã Doroty que embolsava uma barra de chocolate, um bife ou uma porção de bolachas.

Certa vez, uma freira o viu furtando uma fruta de Doroty e o corrigiu com severidade:

– Seu pequeno ladrão. Você não tem temor de Deus.

– Deus? Quem é Deus? – desafiou ele.

– O quê? Você é ateu, menino? – esbravejou ela. Mas o menino aprendera com Doroty a não se calar:

– Onde estava Deus quando eu era espancado pelo meu pai? Onde estava Deus que não protegia a minha mãe? E quando chorava de fome, por que ele não me ouvia?

O menino começou a entrar em prantos ao fazer esses questionamentos. Recordou o passado. Doroty criticou a freira dizendo que era um erro grave querer enfiar Deus goela abaixo do menino. Isso não era expressão do amor, era um controle mental. E questionou:

– Como exigir que uma criança que teve a imagem de um pai carrasco creia na imagem de um Deus como um Pai amoroso?

A freira silenciou-se calidamente.

E Doroty completou:

– É um crime fazer tal exigência. Economize as palavras e exalte os gestos. Dê-lhe muito amor e deixe-o crescer, e talvez um dia entenda que, quando ele chorava, Deus chorava suas lágrimas com ele...

Doroty ficava feliz com o progresso de Bartolomeu. Ele já estava fazia mais de um ano no orfanato. Admirava a sua capacidade de argumentação, mas se preocupava ao vê-lo querer ganhar de todo mundo na conversa. Certa vez, quando estavam numa reunião em grupo, disse para ele conversar menos e pensar mais:

– Se eu me calar, as paredes falarão – retrucou Bartolomeu.

– Boquinha de Mel, não exagere! – disse ela com carinho.

O apelido pegou imediatamente. A pedagoga sentia que precisava monitorar o Boquinha e ensiná-lo a lidar com alguns limites. Mas ela estava idosa, e ele saía pela tangente com facilidade. O tempo passou, e um belo dia apareceu um casal e manifestou o desejo de adotá-lo.

Ao contrário de outros garotos, ele se escondeu e se recusou a se afastar da sua segunda mãe, bem como de seus amigos. Mas ela o encorajou. Disse que teria mais conforto, alimentos, roupas, estudos. Teria um futuro muito melhor. Mas ele resistiu.

– Eu não quero te deixar. Não preciso de nada disso – disse ele.

– Hoje não, mas um dia certamente precisará – afirmou ela.

Foi, completamente contrariado. Estava com nove anos. Passado o entusiasmo dos pais adotivos nas primeiras semanas, evidenciou-se que a adoção seria um desastre. Colocaram-no em um quarto de ouro. Encheram-no de brinquedos, deram-lhe um celular, compraram-lhe um videogame, dois relógios e um iPod. Os pais davam tudo para o menino, só não davam a si mesmos. O menino que era falante foi morar numa casa de "mudos". Não dialogavam com ele sobre seu passado, presente ou futuro.

Seus novos pais não estavam preparados para educar um garoto questionador e perguntador. Queriam um garoto quieto, dosado, que só abrisse a boca quando solicitado. Aos poucos, os pais tiraram os fantasmas do baú, revelaram sua impaciência e agressividade.

– Bartolomeu, você fala demais! Fique quieto! Deixe-me assistir ao meu jornal! – dizia pelo menos dez vezes por dia o pai.

O menino era um visitante numa casa onde os personagens da TV ocupavam o centro do espaço. A mãe adotiva nunca tivera um filho biológico. Teria que trabalhar um pouco menos, ir menos aos *shoppings*, academia, salão de beleza, e dar mais atenção ao menino.

Não conseguiu. Diferentemente de outras mães adotivas, não se entregava, brincava ou curtia seu filho. Compensava a falta de afeto entulhando o menino com mais objetos.

Bartolomeu não tinha muita coordenação motora. Facilmente quebrava as coisas. A cada copo que quebrava tinha de lavar a louça do jantar por uma semana. Certa vez, quebrou um conjunto de copos de cristal. Os pais ficaram furiosos:

– Você é uma aberração, menino! – esbravejou o pai.

Mas a mulher fez um ar de repreensão para o marido. No entanto, apesar de vê-lo ferido, não o abraçou. Ele, fitando-os, lembrou-se de Anna, sua mãe:

– Não espero que me perdoem, mas que pelo menos me compreendam. – E foi para seu quarto abatido, como se fosse um estrangeiro numa terra que não lhe pertencia.

Teve saudades do Liceu do Paraíso. O orfanato era paupérrimo, mas era sua casa. Nas cartas que enviava para Doroty, dizia que tinha tudo que jamais imaginara, mas não era feliz. Não mais sorria. Após esse episódio, o menino aparentemente cometeu uma loucura. Fugiu. Deixou os acessórios, os objetos que tinha recebido. Não levou nada, foi atrás do essencial. Tentou encontrar sua mãe, Anna. Não acreditava que tivesse morrido. Embora essa notícia tivesse chegado a ele quando estava no orfanato.

Ao fugir de casa, dormiu nas ruas pela primeira vez. Viu outros meninos usando droga. Foi pressionado a usá-la, mas não o fez. Foi ameaçado de morte e se retirou amedrontado. Alguns adultos correram atrás dele, e ele bateu em retirada desesperadamente. Teve muito medo. Dois dias depois, conseguiu com dificuldade chegar até sua pobre casa, de meia-água, com parede sem pintura, telhas mal posicionadas, ligações de energia clandestinas. O ambiente não era belo, mas era o céu para ele. Alegríssimo, saiu correndo pelo estreito corredor. Bateu várias vezes na porta de ferro empenada e gritava:

– Mamãe, mamãe!

Saiu um homem carrancudo de dentro da casa, acompanhado de uma jovem vestindo minissaia. O homem com cigarro na boca deu uma baforada no pequeno Bartolomeu.

– O que você quer aqui, menino?
– Quero minha mãe.
– Mãe?
– Sim, Anna, minha mãe.

O homem fungou, elevou as sobrancelhas e falou sem meias palavras.

– Já está enterrada há muito tempo. Caia fora.

Entrou e bateu a porta na cara dele. Falou da morte de Anna como se estivesse falando de um produto no supermercado. Não percebeu que o mundo de uma criança desmoronara. Não entendeu que a dor do menino era mais importante que o céu e a terra.

Bartolomeu dava murros no muro chapiscado, e seus dedos sangravam. Não se importava com a dor. Gritava sem parar.

– Não! Não! Onde você está, mamãe? Onde você está?

A solidão de um adulto é amarga, a de uma criança é dramática, e a de uma criança abandonada é indecifrável. Bartolomeu chorava volumosamente. Toda a vizinhança ouviu. Alguns antigos colegas o reconheceram. Na calçada andava cabisbaixo. Dando asas a sua imaginação, lembrava-se do rosto de sua mãe. Em alguns momentos a via abraçando-o, em outros, via-se protegendo-a. Mas sua mãe não mais existia. Algumas crianças o chamavam, mas ele não ouvia.

Ele partiu completamente só, era um menino sedento num deserto sem água, sem proteção, sem nada.

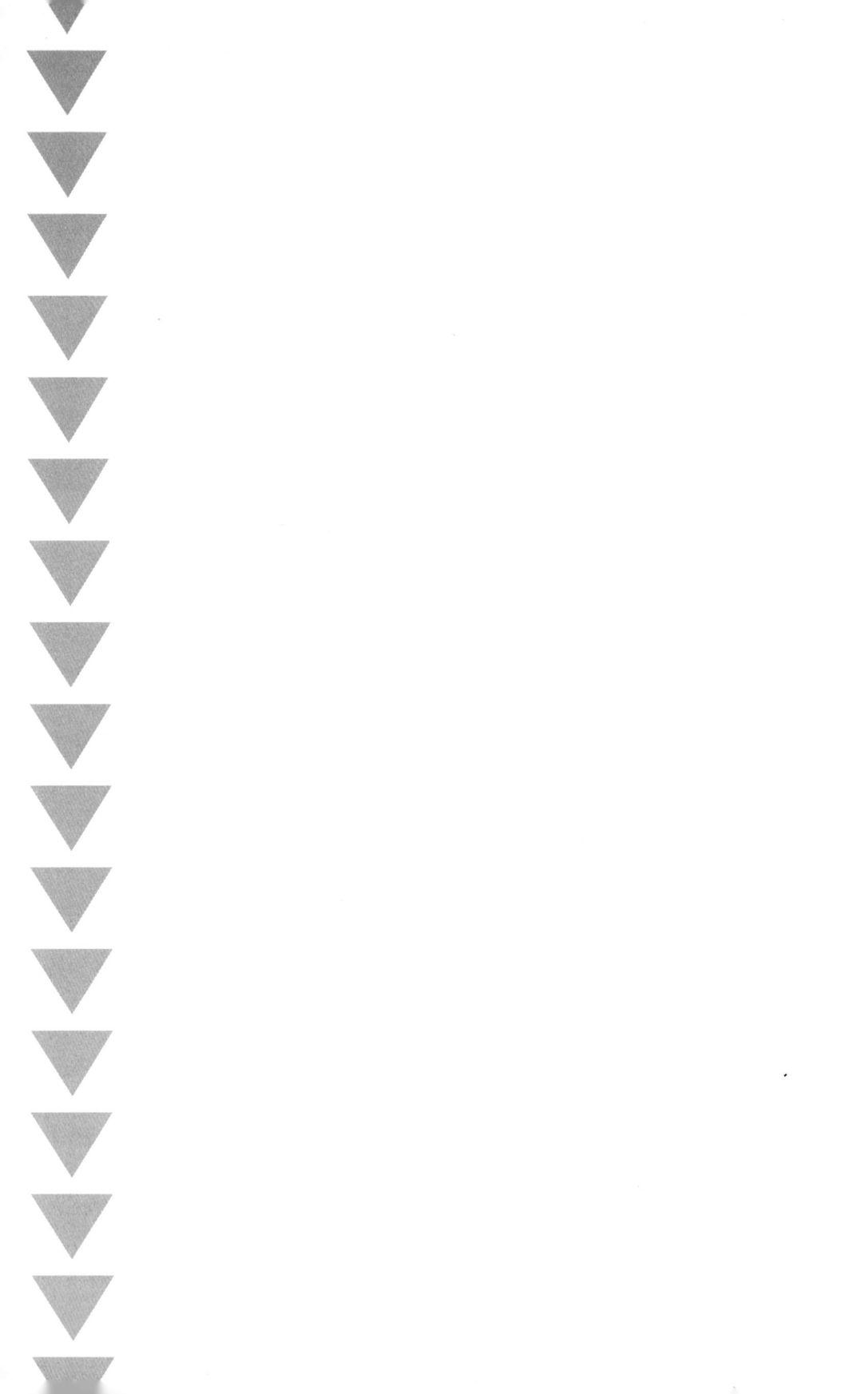

CAPÍTULO 5
De orfanato em orfanato

Tentou voltar ao orfanato e procurar sua outra mãe, a irmã Doroty. Entrou no Liceu um pouco mais alegre. Gritava:
– Irmã Doroty, voltei, voltei.

Mas não ouviu a sua voz. Recebeu outra notícia que transformaria para sempre sua vida. Ela tivera que se mudar às pressas para a Itália para iniciar um novo tratamento. Sua doença neurológica piorara. Sentiu um vazio indecifrável. Os dias se passaram, e os seus pais adotivos não foram buscá-lo. Já haviam pensado em devolver o menino questionador e barulhento, mas não tiveram coragem. Escreveram uma longa carta dizendo que o menino não se adaptara em sua casa.

Ficou pouco mais de duas semanas no Liceu. Como sua protetora não estava mais presente, os funcionários que já o conheciam tomaram a frente e o encaminharam a outro orfanato alegando falta de vaga. Não queriam por perto o menino "rebelde".

Partiu numa velha Kombi para um lugar desconhecido. Enquanto sacolejava seu corpo e segurava a velha mala, olhou para trás tentando entender por que perdas e mais perdas se alternavam em sua história... Subitamente lembrou-se da orientação de Doroty: exalte o que tem e não reclame do que não tem. Mas era impossível. Tinha muito pouco.

Como Bartolomeu era petulante, ousado, desafiador, era considerado um corpo estranho por onde andava. Não encontrou mais nenhuma Doroty e não se adaptou em mais nenhum espaço. Passava de orfanato em orfanato. Às vezes, ficava apenas algumas semanas num mesmo lugar. Tornou-se um especialista em fugas. Pelas atitudes rebeldes, o enviaram até para instituições que cuidam de menores infratores, embora só furtasse alimentos para comer.

Depois de uma trajetória desconfortável e difícil, desejou ser adotado novamente. Não sonhava em encontrar pais que o amassem, mas que lhe dessem pelo menos um lugar digno para morar.

Certa vez, um casal foi visitar o orfanato onde estava. Queriam um garoto mais velho. Ele já estava com dez anos e meio. As crianças ficavam enfileiradas como bonecos para saber quem tiraria a sorte grande. O casal as observava. Tentando desesperadamente ser aceito, quebrou o silêncio e lhes disse:

– Se vocês me adotarem, limparei os banheiros, lavarei a louça da cozinha e cortarei a grama do jardim todos os dias.

O casal deu risadas. Entreolhando-se, disseram em baixo tom, mas ainda audível:

– Esse menino deve ser insuportável.

Vendo que não seria aceito pelo casal, procurou se vingar. Virou seu traseiro para eles e soltou um trovão. Como sempre, seus amigos de orfanato gargalharam das suas traquinagens. Era o palhaço da turma, o centro das atenções, mas não da direção das instituições. Foi dormir triste naquele dia. Não quis almoçar nem jantar.

Por onde passava liderava o grupo com sua lábia. Até adolescentes mais velhos eram influenciados por seu comportamento. Liderava rebeliões para melhorar a comida, melhores cobertores, para ter agasalhos mais dignos. Era um amotinador, um garoto que muitos adultos não queriam ter por perto.

Na escola, encantava alguns professores, mas não se enquadrava na matriz curricular. Era hiperativo, conversava paralelamente com outros colegas, não se concentrava, vivia em outro planeta. E o que era pior: o pouco que se concentrava, perguntava o porquê de tudo.

– Como surgiu essa fórmula matemática, "fessor"? Para que serve? Quem a produziu? Como vou ganhar grana com ela?

Deixava os professores de cabelo em pé. Todavia, o sabichão, quando ia fazer as provas, tirava péssimas notas, em especial nos testes e nas perguntas lógicas e fechadas. Ninguém entendia como um garoto crítico e com argumentos brilhantes ia tão mal nas provas.

Embora tivesse muitos amigos, alguns adolescentes eram cruéis com ele. Rotulavam-no de "deficiente mental", "burro", "tonto", "debiloide". Certa vez, no dia em que tinha acabado de completar onze anos, recebeu um presente de aniversário. O diretor da escola tomou uma decisão. Chamou-o à sua sala e lhe disse:

– Você não poderá mais frequentar este lugar. Será transferido para outra escola, onde há classes "especiais".

Naquela escola, a inclusão social não existia. Os alunos diferentes não eram apoiados, envolvidos, nem se misturavam com os outros. Os diferentes eram enviados para outras instituições.

O diretor queria se livrar do aluno-problema. Conduziu-o a estudar com alunos portadores de síndrome de Down, alunos que tiveram leve paralisia cerebral e déficit de oxigenação no nascimento. Tentando conter o choque pela expulsão, retrucou:

– Motivos?

– Todos. – E não deu explicações.

O jovem Boquinha ainda teve fôlego para dizer:

– Sei que não sou santo nem burro! Por favor, dê-me uma chance. Meus amigos estão aqui, e hoje é meu aniversário.

Imaginou-se recebendo os parabéns de Doroty, sua mãe e seus amigos por mais um ano. Não queria bolos, doces ou brinquedos, apenas um abraço. Mas recebeu a expulsão.

– Já demos muitas chances a você. Reunimos os professores e todos concordaram que será melhor para seu futuro.

– Para o meu futuro ou para o seu? – questionou-o sem medo.

– Para ambos. E não me desrespeite – disse o diretor, e encerrou o assunto. Ele já havia avisado os responsáveis pelo orfanato em que estava. Ninguém lutava pelos direitos do menino.

A decisão do diretor não foi aprovada pelos professores. Vários discordaram da sua atitude, mas não tinham voz de comando. Queriam, inclusive, dar notas para o garoto não pelas provas tradicionais, mas pela sua capacidade de discussão e criatividade, pois tinham consciência de que ele era inteligente. Mas eram proibidos pelo Ministério da Educação do país. Tinham que enquadrar as mentes de todos os alunos na mesma grade curricular e dentro das engessadas provas escolares. Poderiam ser advertidos e até perder seus empregos se ultrapassassem seus limites. O currículo escolar adoecia professores e alunos. As provas escolares destruíram mais um pequeno pensador.

Bartolomeu não esperou o final das aulas. Abatido, pegou seu material, olhou para os colegas e, tentando zombar da própria situação, lhes disse:

– Companheiros! Dou-lhes a notícia do ano. Vocês estão livres de mim.

A turma bateu palmas, pensando que ele estava brincando mais uma vez. Mas o viram dessa vez de cabeça baixa em direção à porta de saída.

Jeferson, Lúcia, Lucas, Mary Jones e outros dos seus amigos, quando viram que ele falava sério, ficaram inconformados. Sabiam que a alegria da classe terminaria. Insistiram para que ficasse.

O professor Antony, um dos que mais o admiravam, pediu que ficasse.

– Sou um problema, "fessor". – E, já revelando um fino humor no caos, disse-lhe: – Se não me querem, tem quem me quer. Fui!

Não conseguiram contê-lo. Aliás, ninguém conseguia. Era uma locomotiva, mas não tinha trilhos para trafegar. Nem os psiquiatras e psicoterapeutas do serviço público davam conta dele. Sua ansiedade e seu rápido raciocínio deixavam os profissionais desconcertados.

O único companheiro inseparável que tinha era seu velho cachorro, chamado Terrorista, que achara nas ruas em uma das fugas anteriores, logo após completar dez anos de idade. Com dificuldade convencia os funcionários dos orfanatos a recebê-lo com seu cão. Muitos têm seus cães, mas não lhes dão carinho. O pequeno Bartolomeu deixava de comer para alimentar seu pequeno animal. Quando se tem pouco, o pouco que se tem vale muito. Bem-humorado, transformava seu drama em alegria. Dizia frequentemente:

– As pulgas fazem companhia para o Terrorista, e o Terrorista faz companhia para mim. Somos uma sociedade feliz.

Certa vez, antes de fugir do último orfanato e ir morar definitivamente nas ruas, um acidente aconteceu, talvez o mais grave deles. Boquinha estava faminto, e no jantar foi-lhe oferecido, como sempre, um ralo prato de sopa, com poucos grãos de arroz e onde mergulhava uma solitária e magrinha asa de frango. Deu a asa de frango para o Terrorista, que a triturava e se deliciava com seus raquíticos ossos. Quando o menino ia tomar a primeira colherada de sopa, eis que uma barata preta veio na colher.

O menino não reclamou. Não adiantava. O orfanato era pobre. Não davam o que não tinham. Além disso, alguns funcionários furtavam alimentos e os levavam para casa. Eram vítimas dos baixos salários.

Boquinha não conseguiu engolir a sopa, outrora já o fizera. Mas, naquele dia, não conseguiu fechar os olhos e comer aquela indigna refeição. Resolveu deixar que seu cão lambesse seu prato. Mas o Terrorista também não encarou a sopa, sentiu um nó no estômago. Como a fome apertou de madrugada, Terrorista levantou-se e começou a rosnar perto dele. O menino entendeu o recado. Parecia dizer:

"Ei, amigo, vamos dar um jeito nessa fome."

Resolveram entrar mais uma vez às ocultas na cozinha do orfanato. Engoliu um ovo cru. Deu um para o Terrorista. Pegou um pedaço de frango para si e outro para seu inseparável amigo. Só pegaram o que conseguiam comer. E saíram de fininho, mas deixaram rastro. As marcas da pata do cachorro ficaram, e, além disso, a geladeira ficou semiaberta e alguns alimentos estragaram.

Descoberta a trama e sabendo que palavras de advertência não conseguiriam disciplinar o jovem rebelde, veio a vingança. Um funcionário, o que furtava alimentos na despensa, resolveu colocar veneno na comida do Terrorista.

Terrorista se contraía de dor. Rosnava incansavelmente. Lutava contra um veneno que asfixiava seus pulmões. Boquinha o abraçava angustiadamente. Desconfiou do impiedoso crime.

Os olhos do cachorro lacrimejavam. Não se sabia se ele chorava de dor ou se chorava por se separar do menino. Boquinha chacoalhava seu cão querendo fazê-lo viver. Mas o cão desfaleceu, recostou a cabeça sobre ele e fechou lentamente os olhos. Bartolomeu havia perdido seu irmão, seu pai, suas duas mães e agora seu melhor amigo. Tentava desesperadamente animá-lo. Suplicava para ele não morrer.

– Terrorista, não morra. Você é meu herói.

Mas o cão não reagia. Parecia morto. Transtornado, o menino falou:

– Vamos fugir daqui! Vamos aprontar muitas!

Ao ouvir as palavras "fugir" e "aprontar muitas", de repente o cão abriu um dos olhos. E teve uma reação, como se dissesse: "Não posso perder essa boca". Levantou-se cambaleante. Três crianças haviam morrido de infecção, desnutrição e maus-tratos durante o ano naquela instituição. Diante de tudo o que passou, resolveu, junto de seu cão, enfrentar os perigos da rua para fugir do risco de não sobreviver naquele fétido lugar.

– Companheiro! O mundo nos espera!

E o Terrorista ameaçou rosnar como um lobo. Construíram uma grande história, na qual as lágrimas e o riso, o drama e a comédia, os acompanharam. Foram maltratados, zombados, rejeitados, mas teimaram em viver. Tiravam força da miséria, coragem da fragilidade.

CAPÍTULO 6
O maluco e a velhinha

Os anos se passaram. Bartolomeu fez do mundo, com todas as suas imperfeições e todos os seus riscos, a sua casa. Duas mães passaram pela sua vida e lhe ensinaram muito, mas, infelizmente, por pouco tempo. Apesar de todas as contrariedades, formou uma personalidade complexa, com elevado nível de imaginação, fina capacidade de tirar sarro das pessoas, humor apurado e alta sociabilidade. Cumprimentava até os cachorros e gatos pelas ruas. Era amigo de mendigos e de milionários, de policiais e de bandidos, de freiras e de pecadores.

Entretanto, a sua história não se tornou um oceano sem ondas. Adquiriu alguns transtornos psíquicos, e o pior deles foi o alcoolismo. Poderia ter tido um futuro brilhante como pesquisador, pensador, cineasta ou escritor, mas foi excluído socialmente e, por falta de apoio, não deu continuidade aos estudos. Suas incríveis habilidades eram utilizadas ora construtivamente, ora destrutivamente.

Como era esperto e dava um nó na mente dos "normais" com facilidade, não precisava fazer muitos esforços para conseguir o pão de cada dia. Mas não aprendeu a pensar em médio e longo prazo, nunca se preocupou com o futuro, apenas com a próxima refeição.

Usou drogas ilícitas, mas não se fixou nelas. O álcool era seu problema. Usava-o para esquecer as perdas que sofrera. A dependência do álcool gerou um cárcere que pouco a pouco o asfixiou.[1] Passou a tomar uma, duas, três cervejas por dia.

Mas se aguentava. Passou depois para as bebidas destiladas, em especial uísque, vodca e aguardente. De uma dose uma vez ou outra, foi aos poucos tomando várias por dia, até tomar meia garrafa. Vivia trançando as pernas. Estava se matando e não admitia.

Como todo jovem, sentia-se um herói. Mas todo herói tem seus limites. O criativo falador foi pego em sua própria armadilha. Perdeu-se na bebida, mas ainda conservava espírito de palhaço. Havia milhões de alcoólatras em todo o mundo falando bobagens, matando gente no trânsito, morrendo de cirrose e de outras complicações. Mas Boquinha era um bêbado diferente. Não matava ninguém, a não ser de rir os que dele se aproximavam. Era desaforado, atrevido, perturbador da ordem social.

Certa vez, cambaleava pelas ruas quando viu uma multidão num grande cruzamento. Aproximou-se. As pessoas estavam angustiadas olhando para cima. Um homem, Júlio César, estava no topo do edifício – depressivo, desesperado, desesperançado, querendo não viver mais. Júlio César era professor de sociologia, um intelectual brilhante, mas inflexível, tenso, intolerante e colérico, ou seja, explodia com facilidade. Não tinha paciência nem para remédio. Era rígido com seus alunos, punia quem o criticava, exigia silêncio absoluto em sala de aula e detestava debates. Não dividia suas lágrimas com seu filho e esposa, não falava sobre seus medos e suas angústias. Foi carrasco dos outros, agora era de si.

Ninguém conseguiu resgatar Júlio César do topo do edifício. Nem os bombeiros, policiais, nem um famoso psiquiatra. Quando Júlio César ia

---

1 Segundo estudos do Instituto Nacional de Políticas Públicas do Álcool e Outras Drogas da Universidade Federal de São Paulo, a dependência do álcool aumentou 30% entre homens e 50% entre as mulheres no Brasil em relação há dez anos. [Fonte: Fundação de Amparo à Pesquisa do Estado de São Paulo (FAPESP). Disponível em: <https://bv.fapesp.br/pt/auxilios/2239/instituto-nacional-de-politicas-publicas-do-alcool-e-outras-drogas/>.]

colocar fim na sua vida, apareceu um homem estranho no topo do edifício, com vestes rasgadas, cabelos compridos e desgrenhados, paletó amassado. Ele se aproximou do intelectual, e este gritou.

– Eu vou me matar. Não fale comigo.

O maltrapilho, sem se abalar com a ameaça do suicida, sentou a três metros dele, desembrulhou um sanduíche amanhecido, em que a carne estava esturricada e o pão endurecido, que ganhara havia pouco numa famosa lanchonete, e começou a comê-lo com grande prazer. Comia como se estivesse petiscando camarão sentado à beira-mar. E ainda por cima cantarolava e batia as pernas enquanto mastigava.

Júlio César levou um choque; tinham invadido sua arena. "Espere um pouco!", pensou ele. "Estou numa crise miserável, pensando em desistir de viver, e me aparece esse sujeito comendo e cantando na minha frente. Isso é uma afronta!" Em seguida, ele abriu os braços e parecia que ia se atirar. A multidão entrou em pânico no sopé do edifício. E advertiu aos berros o maltrapilho.

– Saia daqui, senão vou me atirar!

O estranho parou de mastigar, contraiu a sobrancelha e, com a boca cheia, enfrentou-o:

– Você quer fazer o favor de não atrapalhar meu jantar?

Foi o suicida que entrou em pânico dessa vez. Parecia que um raio atingira-lhe a cabeça. Pensou consigo: "Encontrei alguém mais maluco que eu...".

Em seguida, o maltrapilho aproveitou o momento em que o suicida estava perplexo e começou a bombardeá-lo com inúmeros questionamentos filosóficos sobre a vida, a morte, o apagar das luzes, o teatro do tempo. O maltrapilho começou a deixar o intelectual nu, sem tirar-lhe a roupa. E sutilmente começou a vender-lhe sonhos. E dentre todos os sonhos que queria vender-lhe, o mais importante era "vender uma vírgula". Vírgula? Sim, uma pequena vírgula para que o intelectual continuasse escrevendo sua história mesmo diante das loucuras e da estupidez que cometera e das perdas e decepções que sofrera.

Enquanto o maluco de cima abalava a mente do intelectual e tentava resgatá-lo, o supermaluco de baixo aprontava.

Boquinha trançava as pernas ao andar, de tão bêbado que estava. Com a voz pastosa e a língua presa, esbarrava em algumas pessoas e, em vez de agradecer pelo apoio, reclamava.

– Ei, você me atropelou. Não vê que estou na mão esquerda?

Bartolomeu deu alguns passos a mais e tropeçou na sarjeta. Para não se espatifar no chão, tentou se apoiar onde pôde, até que aos trancos e barrancos encontrou uma velhinha, dona Jurema, e caiu por cima dela. A coitada quase quebrou a coluna. Tentando se desvencilhar dele, deu-lhe uma bengalada na cabeça e gritou, assustada:

– Sai de cima de mim, seu tarado!

Bartolomeu não tinha força para se deslocar. Estava travado. Vendo a velhinha gritar sem parar, para não ficar em maus lençóis gritou mais alto que ela.

– Socorro! Gente, me acode! A velhinha está me agarrando.

As pessoas próximas deslocaram-se do céu para a terra. Tiraram os olhos do suicida e voltaram-se para o maluco em cima da velhota. Não sabiam, portanto, se riam ou se choravam. Percebendo a astúcia do bêbado, tiraram-no de cima dela, deram-lhe uns empurrões e disseram:

– Sai para lá, seu malandro!

Mas ele, não querendo sair por baixo, falou, todo atabalhoado:

– Obrigado, gente, por esse empu... empu... – estava tão embriagado que ensaiou três vezes falar a palavra "empurrãozinho". Mas não conseguiu. Em seguida, tentou sacudir a poeira da calça e quase caiu de novo:

– Vocês me salvaram dessa...

Dona Jurema estava de prontidão quando ele ameaçou caluniá-la. Levantou sem titubear a bengala e preparou-se para desferi-la novamente em sua cabeça, mas o esperto corrigiu-se a tempo. – ... dessa distinta irmããã Doroty...

Ela ameaçou correr atrás dele. Não gostou de ser chamada de "freira". Mas ele deixou o campo de batalha.

Enquanto caminhava por entre a aglomeração, ficou intrigado porque todo mundo estava compenetrado, olhando para cima. Libertando sua imaginação, achou que as pessoas estavam vendo um extraterrestre. Olhou para o alto do edifício com dificuldade, cambaleou para lá e para cá, apoiou-se nas pessoas inconvenientemente e, depois de mirar por alguns segundos o desarrumado maltrapilho que gesticulava diante de Júlio César, começou a gritar sem parar:

– Estou vendo! Estou vendo o E.T. Cuidado, gente! O E.T. é chifrudo. E tem uma arma "lasssser" nas mãos! Vai torrar todo mun... mun... mundo aqui.

Boquinha estava alucinando. Sua mente entorpecida pelo álcool construía imagens irreais, embora acertasse algumas. Era um amotinador, seja alcoolizado ou sóbrio. Além de beber tudo que estivesse à sua frente, era um especialista em querer ser o centro das atenções. Seus amigos diziam que tinha SCF, a síndrome compulsiva de falar.

Agarrava as pessoas próximas e estimulava-as a ver o E.T. que só ele via. Elas tentavam se soltar das mãos dele com safanões e xingamentos.

Mas ele balbuciava:

– Que povo "mal-eduuuucado"! Só porque vi primeiro o E.T. eles morrem de inveja. Cegos!

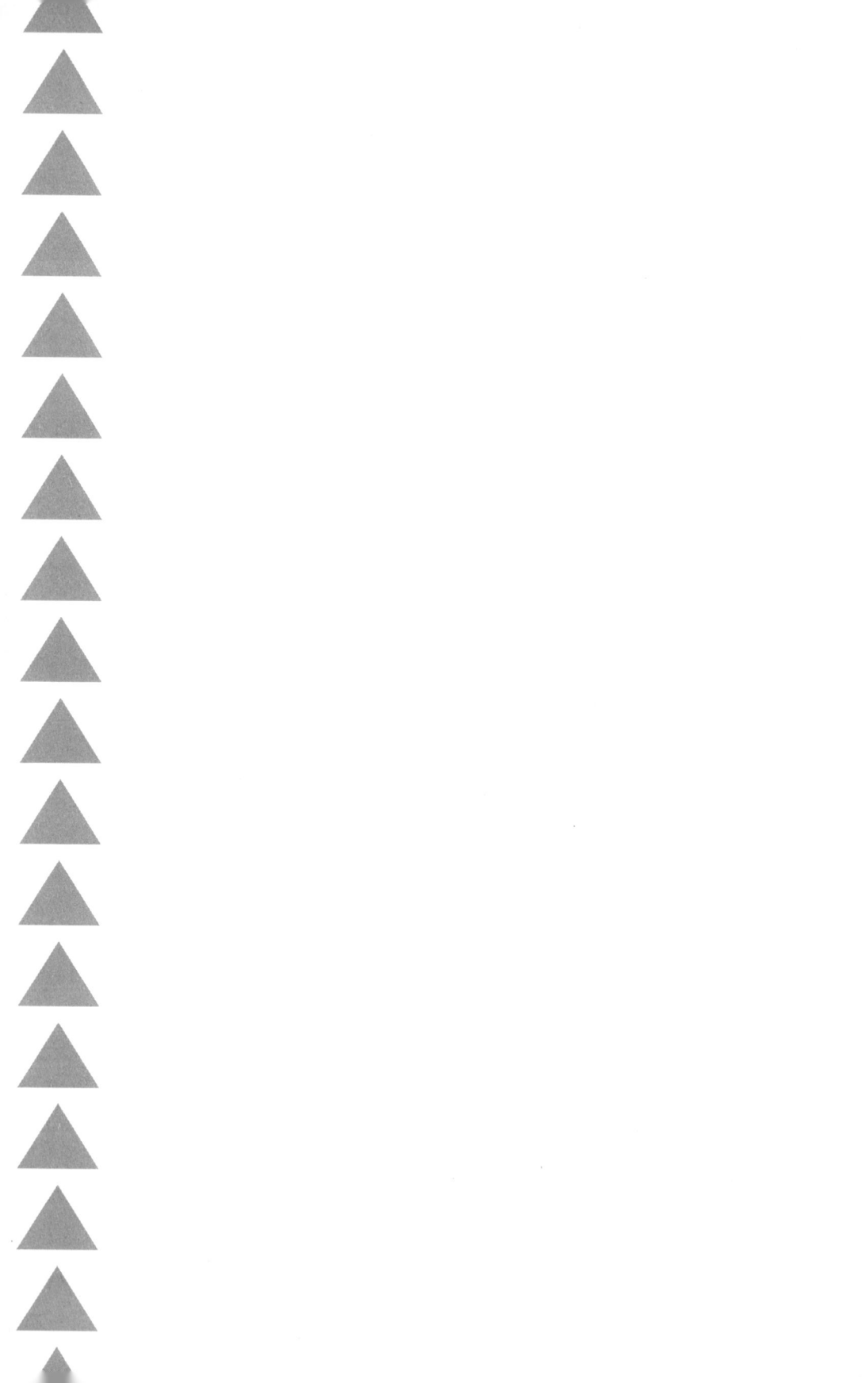

CAPÍTULO 7
O sonho de Bartolomeu

O maltrapilho conseguiu resgatar Júlio César do topo do edifício e lhe fez uma proposta incomum e perturbadora: ser um vendedor de sonhos tal qual ele. Júlio César quase caiu do edifício novamente, mas agora de susto. Não sabia o nome do maltrapilho, seu endereço, seu currículo acadêmico, sua profissão.

Bem que tentou obter essas informações, mas o maltrapilho não as dava. Dizia apenas que era um Vendedor de Sonhos. Diante da incomum proposta, o intelectual pensou, coçou a cabeça, refletiu mais uma vez e, já que tudo estava perdido, inclusive sua reputação acadêmica, resolveu arriscar seguir o estranho mestre, pelo menos por uma temporada. Seria uma experiência sociológica.

Não sabia que essa experiência custaria caro, ele correria perigos, enfrentaria crises e problemas e se meteria em confusões inimagináveis, principalmente por causa dos demais discípulos que o Vendedor de Sonhos chamaria.

Ao descer para o térreo, Júlio César teria de enfrentar a multidão, bombeiros de plantão, repórteres. Não sabia onde enfiar a cara. Boquinha apareceu repentinamente e lascou um beijo no rosto do intelectual. Pensou consigo: "Esse cara dominou o E.T.".

O cheiro fétido de Boquinha e a cena do beijo deixaram o intelectual vermelho como pimenta. O Vendedor de Sonhos, ao ver a multidão assediando seu novo discípulo, deixou-o mais perturbado ainda com seus gestos. Fez uma roda e começou a dançar no meio da multidão.

Nesse momento, apareceu uma velhinha dançando feliz da vida com sua bengala. Era a senhora em cima da qual Bartolomeu caíra. Tinha oitenta anos bem vividos. Quem imaginou que ela estava capengando pelos ditosos anos se enganara. Estava em melhor forma que qualquer um. Saúde ótima, a não ser por leves lapsos de memória. Sabia dançar como raras pessoas. O Vendedor de Sonhos se encantou com ela. Dançaram juntos. Júlio César esfregava os olhos para ver se tudo era real.

De repente, ela se desfez dos braços do mestre e topou com Bartolomeu no centro da roda. Deu-lhe uma bengalada na cabeça e novamente lhe disse:

– Seu tarado.

Ao observar a cena da velhota dando uma bengalada no bêbado, Júlio César começou a relaxar. Disse baixinho:

– Bem feito!

Ela fizera o que ele gostaria de ter feito. Júlio César há pouco queria morrer; agora, minutos depois de ser resgatado, já mostrava um pouco das suas garras.

O mestre voltou-se para a velhinha e, em vez de repreendê-la, gritou:

– Você é linda! – e, tomando-a pela cintura, rodopiou-a.

A velhinha recebeu uma carga de adrenalina que a fez se sentir com vinte anos.

Por instantes, Júlio César achou que o homem que ele começara a seguir estava sendo falso ao elogiar a velhota. Mas refletiu: "O que é ser bonita?". Do outro lado, Bartolomeu, esperto que era, vendo que o elogio funcionava, para chamar a atenção do público e conquistar sua inimiga, chegou perto dela e bradou exageros:

– Maravilhoooosa! Apetitoooosa! Delirantemente bela!

Ele pensava estar abafando, mas a velhota enfiou sua bengala no pescoço dele, puxou-o perto do rosto e, face a face, soltou essas palavras:

– Desequilibrado! Conquistador barato! Cachorro compulsivo! – disse ela, aparentando raiva.

Bartolomeu enfiou o rabo entre as pernas. Mas, em seguida, ela sorriu. Derreteu-se. Afinal de contas, fazia quase meio século que não lhe faziam elogios superlativos. Animadíssima, tomou o bêbado pelos braços e saiu dançando com ele, feliz da vida. Júlio César ficou impressionado; conhecia o poder da crítica, mas desconhecia o poder do elogio. Estava confuso. Nunca vira tanta maluquice num só dia.

Não bastassem esses fatos, depois da dança, o mestre olhou para a multidão, fitou alguns jovens e lhes disse:

– Sonhos não são desejos, desejos são intenções superficiais, enquanto sonhos são projetos de vida. Desejos morrem diante das perdas e contrariedades, sonhos criam raízes nas dificuldades.

E perguntou qual o grande sonho das pessoas. Depois de algumas se manifestarem, Boca de Mel não se aguentou. Levantou as mãos e botou as mangas de fora.

Olhou para ele e falou entusiasmadamente, quase caindo ao chão:

– Meu grande sonho, chefinho? Vodca russa! E... e... e tomar banho... – Quando todos ao redor pareciam felizes com o banho que desejava tomar, desapontou-os: – Tomar banho num... tonel de uísque escocês.

Nesse momento, caiu sentado. Vivia duro, e estava em estado de êxtase ao pensar nesse incomum banho.

Júlio César não se aguentou. Começou a dar risada do alcoólatra e da cara do homem que o resgatara. Mas ficou surpreso com seu sarcasmo. Num momento não queria viver mais, noutro revelava um prazer sublimado pela desgraça alheia. Pensou consigo: "Dessa vez esse tal de Vendedor de Sonhos embarcou num barco furado, num pesadelo!".

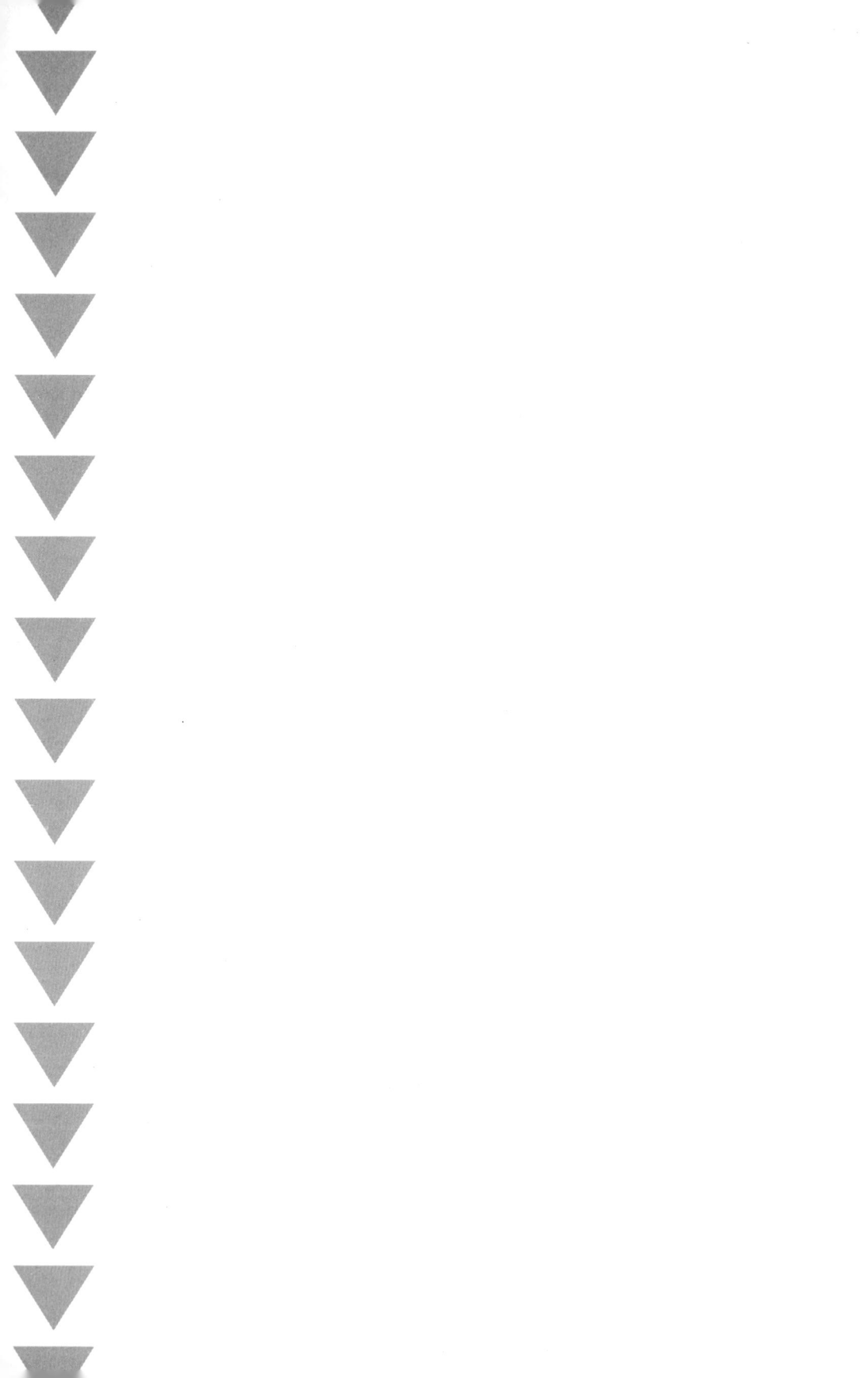

CAPÍTULO 8
O mais maluco dos discípulos

Antes que o mestre desse alguma resposta para Boquinha, dona Jurema apareceu e ameaçou dar outra bengalada em Bartolomeu. E, agora, usou outros adjetivos para qualificá-lo:

– Prepotente! Presunçoso! Bêbado inveterado!

Boca de Mel, que aparentemente não tinha cultura acadêmica, gostou dos adjetivos. Emendou:

– Obrigado, madame. Mas serve também um barril de cachaça brasileira ou de tequila mexicana.

O cara era incorrigível. Bebia fazia anos sem controle, peregrinava de bar em bar, de rua em rua, no puro alcoolismo. Júlio César tinha a convicção de que o Vendedor de Sonhos jamais conseguiria dar uma lição a esse miserável fedido. Até porque nenhum pensamento lúcido entraria na sua mente infestada de extraterrestres. Talvez fosse melhor dar-lhe uma bronca sem pretensões educacionais, apenas para vomitar a raiva. Mas, para o espanto do intelectual, ele elogiou a sinceridade do bebum:

– Muito bem! Parabéns pela sua honestidade.

Júlio César ficou perplexo! Tentou mexer nos ouvidos para ver se estava ouvindo direito. Não era possível que o Vendedor de Sonhos tivesse enchido a bola do bêbado. O álcool na cabeça, somado ao elogio que recebera, multiplicaram a euforia do miserável. Revestido de um estado de autoestima, olhou orgulhosamente para algumas pessoas que pouco antes o tinham empurrado. Soltou um estridente grito de guerra: "Hurruuu!". E teve a ousadia de dizer:

– Preservo a natureza. Sou movido a álcool. – Em seguida, esfregou o dedo indicador direito no esquerdo e completou: – Sou assim com o E.T. Esse é o cara! – e teve o descaramento de fazer este pedido: – Posso dar um passeio na sua aeronave, chefinho?

Ao longo da caminhada, o professor-doutor em sociologia começou a descobrir que os pequenos gestos podem ter tanto ou mais impacto que os grandes discursos. Em suas aulas ao ar livre, o Vendedor de Sonhos causava mais impacto com seus gestos do que com suas palavras. Seu silêncio penetrava mais do que a voz.

Ele dizia continuamente:

– Felizes os que dão risada das suas tolices, pois deles é a fonte do relaxamento.

A universidade que o intelectual ajudou a promover formava alunos intolerantes com os outros e consigo mesmos. Júlio César nunca investiu nos alunos do fundão. Aos rebeldes, nada; aos notáveis, tudo. Ao ouvir as palavras de Bartolomeu pedindo para subir na aeronave do Vendedor de Sonhos, falou baixinho para si mesmo: "Mande esse cara para um manicômio".

Esperto que era, Boquinha leu seus lábios.

– Eu topo – disse alegremente.

O mestre olhou para Júlio César e disse algo que quase o fez desmaiar. Em vez de criticar Bartolomeu, tocou-lhe o ombro esquerdo e, com voz firme, propôs-lhe:

– Venha e siga-me! E eu o farei embriagar-se com uma bebida que você não conhece.

O alcoolismo estava destruindo a alegria e a saúde de Boquinha. Seguir o mestre talvez fosse sua última oportunidade para sobreviver. O intelectual ficou atônito. Teve vontade de retornar ao topo do edifício. Tentava mexer em sua cabeça, reorganizar seus mais de oitenta bilhões de neurônios, diante dessa proposta que o mestre fizera. A proposta o comprometera, teria como parceiro de caminhada um alcoólatra desavergonhado, que amava ser o ator principal do ambiente. Bartolomeu imediatamente retrucou:

– Bebida que não conheço, chefinho? É vodca das bravas?

O professor ficou constrangido com a santa irreverência do alcoólatra. Mas o Vendedor de Sonhos achou graça, sorriu. Conseguia relaxar em situações tensas.

Nesse momento se aproximou do professor e lhe disse em tom baixo:

– Não se preocupe, eu vim para os complicados.

Para o Vendedor de Sonhos, todo ser humano era complicado, inclusive ele. Mesmo os que não têm problemas eram especialistas em criá-los.

Boquinha levantou as mãos quando o ouviu falar sobre isso:

– Sou tão complicado que sou inexplicááááável – falou debochadamente o bebum.

"Complicado? Esse alcoólatra deve ser uma bomba atômica!", pensou Júlio César. E estava certo. Seus pensamentos entraram em estado de choque. Pensou em debandar antes de começar a segui-lo, mas precisava tentar, não tinha muito a perder.

Para ele, seguir uma pessoa excêntrica, vá lá, mas lado a lado de um bêbado gozador era um teste de estresse.

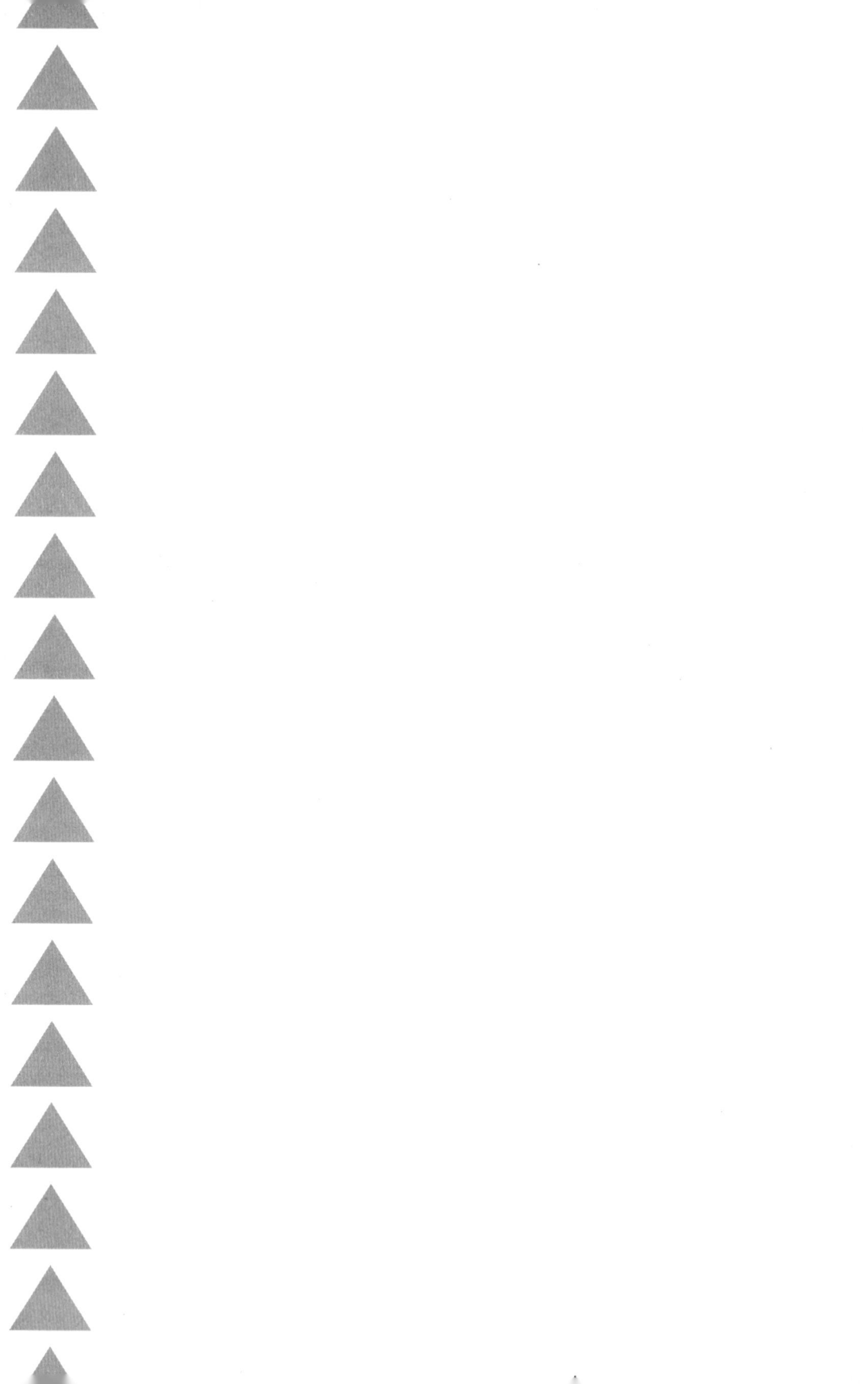

CAPÍTULO 9
O perfil dos outros discípulos

O Vendedor de Sonhos e seus discípulos dormiam debaixo de pontes, viadutos e albergues municipais. Quando dormiam nesses albergues, tomavam banho. Amava ler e ensinava a seus discípulos o gosto da leitura. Para ele, quem não lia jornal não desenvolvia consciência crítica, estava alienado do mundo.

Boquinha era um ávido leitor. Aprendeu a recolher livros e jornais abandonados e selecionar textos. Estava no mundo, vivia como um lixo social, mas, diferentemente de muitos jovens, não era alienado. Seus pensamentos eram felinos.

Júlio César já havia escrito artigos e capítulos de livros sobre a miserabilidade social, e agora pela primeira vez a experimentava na pele. Morar debaixo de pontes e viadutos, com ratos circulando pelo ambiente, era um martírio. Mesmo para Bartolomeu, isso não era uma habitação agradável. O Vendedor de Sonhos chamou vários outros discípulos. Salomão era um jovem sensível, inteligente, mas obsessivo, hipocondríaco. Tinha a ideia fixa de que tinha câncer, iria enfartar, sofrer um derrame cerebral.

Dimas era o vigarista do grupo. Furtava bolsas e carteiras. Era um especialista em dar golpes em velhotas e adolescentes.

Edson era religioso. Todavia, usava a religião para se promover, para que as pessoas gravitassem em sua órbita.

Mônica era modelo fotográfica internacional, mas foi excluída do mundo da moda quando ganhou alguns quilos e manifestou uma doença chamada bulimia. Comia compulsivamente, entrava em crise de culpa e provocava vômitos.

Certa vez, os discípulos, em um ataque de machismo, não queriam que o mestre chamasse mulheres para o bando. Elas, segundo eles, azedariam o caldo. Não têm garra, não têm pegada, gastam tempo demais em *shoppings,* se preocupam em demasia com roupas, bolsas e sapatos.

Para seguir o Vendedor de Sonhos, deveria haver um espírito revolucionário, pensavam. Mas quando o mestre chamou Mônica, mudaram radicalmente de opinião. Animaram-se e o estimularam a chamar quantas mulheres quisesse, em especial modelos.

Subitamente, quando o mestre manifestou a vontade de chamar mais mulheres para o grupo e os discípulos estavam eufóricos com a ideia, apareceu dona Jurema com sua velha bengala. Os discípulos tremeram. Tinham de tirá-la do campo visual do mestre, caso contrário, venderiam pesadelos, e não sonhos.

O mestre estava pensativo, um pouco distante dos discípulos.

Dona Jurema os cumprimentou e perguntou a Boquinha:

– Como vai, bebum?!

– Em plena recuperação, ditosa e idosa senhora!

– Idosa é tua vovozinha – rebateu ela. – Estou inteirona.

De repente, o mestre, com o olhar voltado para a calçada do lado oposto em que estavam, soltou a voz, dizendo para si mesmo:

– A quem vou chamar? – Os discípulos sentiram um calafrio na espinha.

– Qualquer um, menos a velhota – murmurou baixinho Boquinha.

Outros entraram em ação para despistá-la.

– O sol está... escaldante. A senhora pode se desidratar, está suando. Vá para... casa – disse Dimas, o manipulador de corações, tentando não gaguejar. Mas ela insistia em ficar.

– O tempo está ótimo, meu filho – disse com segurança.

Temendo que o mestre se aproximasse, Edson, o religioso, pegou delicadamente no braço dela e a distanciou da linha de fogo.

– A senhora parece muito cansada. Nessa idade é preciso repousar.

– Sinto-me ótima, meu filho. Mas obrigada pela sua preocupação. Júlio César também fez suas tentativas. Tentou lembrá-la de algo que pudesse ter esquecido: um compromisso, uma visita para fazer, uma conta para pagar. Mas nada. Ela lhe disse que estava tudo em dia.

Mônica não entendia a preocupação deles com dona Jurema. Não pareciam bons samaritanos. Achou-os solidários demais, um tanto artificiais. Boquinha, que estava sóbrio, embora nas últimas semanas tivesse tido algumas recaídas, como sempre deu mais uma derrapada. Vendo que ela não tomava o rumo de casa, apelou. Eriçou a sobrancelha e lhe disse:

– Querida Jureminha. – Ao ver o carinho de Boquinha, ela se desmanchou. Tremulou os cílios. Vendo que a cativara, ele se empolgou. Disse uma asneira: – Sinto dizer-lhe que você está vermelha como um peru. Acho que vai enfartar. Vá urgente para um hospital.

Salomão tentou rapidamente tapar a bocarra de Bartolomeu, mas não deu tempo. Porém, dona Jurema fez melhor. Puxou o pescoço dele com a bengala e lhe disse uma frase que acabou também se tornando patrimônio cultural do bando:

– Bartolomeu, de boca fechada você é insubstituível.

Morreram de rir. Mas dona Jurema ficou incomodada, percebeu que escondiam algo. Para mostrar seu imenso vigor, embora tivesse mais de oitenta anos e sua memória estivesse um pouco afetada devido ao início da doença de Alzheimer, fez algumas flexões e pediu para eles a acompanharem, mas não conseguiram. Deu uns saltos de balé clássico e pediu-lhes para repeti-los.

Bartolomeu tentou imitá-la, mas tropeçou nos próprios passos e caiu. Ela afirmou:

– Vocês são uns velhotes. Estou novíssima! Minha saúde é ótima! Cadê o guru?

Guru? Pensaram. Para o Vendedor de Sonhos, quem precisa de guru é um liderado, e não um líder. Boquinha falou:
— Está ocupado, mulher de *Dios* – e tentou ocultar a imagem do mestre.
Nesse momento, Mônica já tinha desvendado a farsa. Descobriu que era uma turma de endiabrados e que Boquinha era o pior deles.
Dona Jurema gritou mais alto ainda:
— Cadê o mestre?
De repente, ouviram o vozeirão do mestre, que fez tremer a musculatura deles:
— Que bom revê-la, magnífica senhora.
Ele a beijou suavemente no rosto e depois de rápida conversa fez o que os discípulos mais temiam:
— Eu a convido para vender sonhos!
Mônica se esborrachou de rir; eles enfiaram a cara na lama. Saíram de lado e começaram a cochichar, indagando uns aos outros: "O que a sociedade irá pensar de nós, um bando de excêntricos seguido por uma senhora idosa? Vai ser cômico. Seremos motivo de piada até nos jornais".
Boquinha falou:
— Ela deve ser lenta demais. E o cheiro dela? Será que usa dentadura? E a flatulência, quem suportará?
Enquanto confabulavam, dona Jurema conversava com Mônica. Ela não entendera o chamamento do mestre. Mônica ensaiava explicar, mas ainda era novata, estava confusa. Não sabia que com a caminhada ficaria mais confusa ainda.
Dona Jurema, honesta, chamou os discípulos à parte e disse:
— Eu nunca vendi nada. Que tipo de produto é esse?
O mestre foi conversar com Mônica e pediu para eles explicarem esse negócio, cujo sistema de troca não é baseado no dinheiro, mas na generosidade, na solidariedade, na sensibilidade.
Eles ficaram felicíssimos por alguns instantes. Teriam a oportunidade de confundi-la e desanimá-la e assim afastar a possibilidade de ser uma discípula do Vendedor de Sonhos.

Dias antes, os discípulos tinham ido a um asilo e tiveram uma experiência fantástica. Descobriram que os idosos não eram um problema, um estorvo social, mas seres humanos notáveis. Mas já tinham esquecido isso. Pensaram que com ela o mestre conteria a força das suas ideias. Para desanimá-la, os discípulos disseram que foram presos, caluniados, espancados, torturados.

— Jureminha, você é muito nova para ser metralhada e assassinada — enfatizou Boquinha, com um olhar melancólico.

Os amigos sentiram que dessa vez ele tinha dado uma nota dentro. Mas ela respondeu:

— Acha que tenho medo da guerra, seu fraco? — indagou ela com vigor.

Mas em seguida a viram apreensiva, reflexiva. Ela arrumou os cabelos brancos, como se quisesse massagear o cérebro inquieto. Tinham certeza de que a estavam deixando mais insegura do que já era. Engano deles...

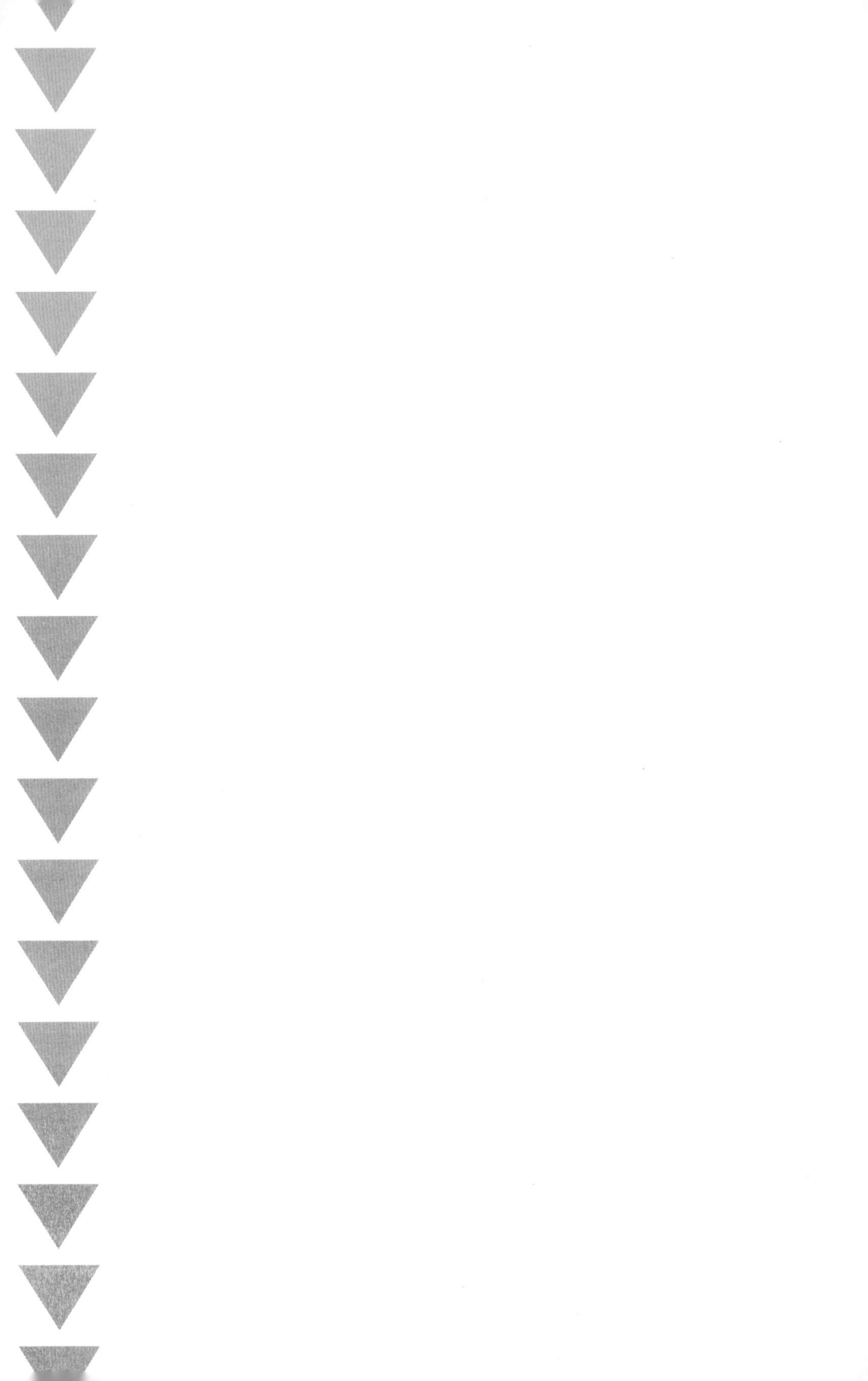

CAPÍTULO 10
A grande surpresa de Jurema

Júlio César sempre entrava em embates com Boquinha devido à sua petulância. O professor fez sinal para que ele ficasse quieto, demonstrando que estavam indo bem. A velhota certamente desistiria, pensou ele.

Dona Jurema arregalou o olho direito, fechou o esquerdo, parecendo abismada com as labaredas do pavor. Quando estavam convictos de que sairia correndo, foi ela quem os assustou:

– Fantástico! – entreolharam-se, sem entender a expressão.

– Fantástico o quê, dona Jurema? – perguntou Boquinha, pensando que, devido a algum comprometimento cerebral, ela não entendera quase nada do que falavam.

Mas, para sua surpresa e dos demais, enfatizou:

– Tudo o que vocês me disseram é fantástico. Eu topo ser uma caminhante, aceito entrar no grupo! Sempre fui revolucionária como aluna e depois como professora universitária.

Uma professora universitária?, indagaram. A confraria ficou abalada. Não conseguiam respirar. Já não bastava a misteriosa identidade do mestre, agora estavam diante de uma senhora carregada de segredos. Alguns deles fungaram, perturbados com a personagem. Júlio César tentava conter o suor do rosto. Ela, mostrando uma lucidez invejável, acrescentou:

– Sempre quis vender sonhos, instigar mentes, mas fui silenciada. Aborreço-me diariamente ao constatar que a sociedade atual tem um rolo compressor que massifica o intelecto dos jovens, aborta o pensamento crítico e os torna estéreis, meros repetidores de dados. O que fizeram com nossas crianças? – questionou, indignada.

O professor de sociologia perguntou-lhe qual era seu nome inteiro.

– Jurema Alcântara de Mello – disse com simplicidade.

Após ouvir seu nome, o professor afastou-se um pouco, mais chocado ainda do que já estava. Descobriu, então, que dona Jurema era uma antropóloga de renome e fora professora universitária de altíssimo nível. Tinha reconhecimento internacional. Escrevera cinco livros em sua área, que foram publicados em diversas línguas.

Júlio César recostou-se no poste que estava ao seu lado. Recordou que já lera diversos artigos que ela escrevera, inclusive seus livros. Jurema tinha sido muito importante na sua formação. Admirava seu raciocínio esquemático e a sua ousadia.

– Sempre soube que eu e Jurema tínhamos o mesmo nível intelectual – disse Boquinha para Júlio César. Este continuava atordoado. Revelando uma sintonia fina com o mestre, a professora Jurema comentou que as sociedades, apesar das exceções, haviam se tornado canteiros de mentes conformistas, que não se inquietam diante dos desafios da existência, sem grandes ideais. E arrematou dizendo:

– Precisamos instigar a inteligência das pessoas.

O mestre sorriu, feliz da vida. Deve ter pensado: "Acertei na mosca". Dona Jurema foi uma jovem destemida. Com o avanço da idade, ficara mais turbinada. Todavia, logo que aceitou caminhar com eles, começaram os problemas. Como era idosa e dotada de notável coragem, não tinha papas na língua. Começou a ter atitudes que Mônica não teve. Chegou diante do mestre e, com a maior segurança, lhe deu uma chacoalhada:

– Ser um bando de excêntricos que vendem sonhos está certo, mas ser um bando de imundos e desmazelados é um absurdo.

Opa! Os discípulos ficaram zangados com ela. Mas a professora, vendo a cara amarrada deles, não afinou. Elevou o tom da pressão:

– Chamar um grupo de extravagantes para aprender a ser solidário é louvável, mas não se importar se esse grupo cheira mal, não tem asseio nem higiene, é uma afronta ao bom senso.

Boquinha tirou sarro da turma.

– Sou um herói por aguentar o cheiro deles! – e deu uma farta gargalhada. Riu tanto que não segurou os gases. Soltou uma trovoada sonora.

Dona Jurema o repreendeu:

– Você não tem vergonha na cara? Saia fora do espaço público para soltar seus gases e poluir o ambiente. Se não der tempo, pelos menos os silencie.

Mas, tentando brincar com fogo, ele lhe disse:

– Qual é a técnica para silenciar meu escapamento? Ela o repreendeu:

– Dá um tranco nele, seu esdrúxulo.

Boquinha ficou constrangido. Não sabia o significado da palavra "esdrúxulo". Entusiasmado, ele lhe disse:

– *Thank you* pelo esdrúxulo – e mexeu com as mãos querendo uma dica, sem saber se ela o elogiara ou o ofendera.

Então, Jurema os convidou a jantar em sua casa. Após fazer a oferta, a professora deu um assovio.

Perguntaram o porquê do assovio. Ela disse que estava chamando o motorista.

Dimas falou, discreto:

– Deve ser o motorista de ônibus.

O motorista não deu sinal de vida. Ela deu outro assovio, mais alto, e nada.

– "Motorista" é o nome do cachorro dela – disse Bartolomeu, sem conter a gargalhada. Como não sabia falar baixo, Jurema o escutou. Olhou a meio mastro para ele.

– Já pensou todo mundo lotando um fordinho que acabou de sair de um museu? – falou Edson, que era o mais espiritual, mas não dispensava mordomias.

O grupo era engraçadíssimo. Em poucos meses, o carrancudo Júlio César se divertira mais do que em toda a sua vida. O mestre propiciava-lhes esse clima. Mônica também se sentia numa festa. Fora muito rica, mas perdera muito dinheiro com luxos e ações de companhias que faliram. Andando no grupo, estava conseguindo o que os mercados de capitais não ofereciam: alegria, simplesmente alegria. De repente, estacionou um carro enorme, uma limusine, de cor branca, que quase passou em cima do pé de Bartolomeu. Um motorista ricamente trajado disse:

– Desculpe-me, madame. Demorei porque tive problemas para estacionar.

Ficaram boquiabertos. Descobriram que a velhinha era milionária. Os vigaristas imediatamente se derreteram de amor por ela. "Que linda, admirável, encantadora ela é!", pensaram.

– Sabia que ela era rica. Sempre vi *money* nos olhos dessa mulher – comentou baixinho Boca de Mel. Não percebeu que ela estava atrás dele. Esperto, tentou se corrigir.

– *Money* para exercer sua generosidade, Jureminha, e ajudar os miseráveis como eu – disse o espertalhão.

Boquinha de Mel estava tão eufórico que foi cantando sua música "Louco genial" dentro da limusine.

CAPÍTULO 11
O segundo supermaluco

Certa vez, o Vendedor de Sonhos pediu que seus discípulos saíssem pelas ruas, avenidas, bares, *shoppings* e procurassem resgatar os sonhos mais importantes que as pessoas tinham soterrado debaixo do tapete, como seus medos, depressão, vexames, perdas, derrotas e excesso de trabalho.

Era uma experiência sociológica interessante, mas arriscada, pois ninguém gostava de conversar com pessoas estranhas. Se na sociedade havia uma relação superficial entre amigos, conversavam sobre esportes, política e economia, mas raramente sobre seus conflitos, imagine abordar pessoas desconhecidas e perguntar quais seus grandes sonhos e onde os enterraram. Loucura total. Riscos imagináveis.

Poderiam ser confundidos com ladrões, terroristas, golpistas, religiosos, membros de partido político. Poderiam ser debochados, zombados, enxotados. Seriam considerados malucos. Na realidade, para deixarem de ser uma ilha, tinham de ser malucos, malucos pela humanidade. Vender sonhos não era coisa para quem se esforçava para ser normal, para quem dava as mesmas respostas ou andava pelos mesmos caminhos.

Boquinha de Mel foi procurar sonhadores frustrados nos lugares que mais conhecia, nos botecos e boates. Desde que passara a seguir seu mestre tinha enchido a cara algumas vezes, mas lutava pela sua serenidade. Outrora reinava nesses lugares, agora sentiu a cor da rejeição e passou por apuros. Os que o reconheciam jogavam vodca no seu rosto e diziam:

– Boquinha, você está falando de sonho? Virou político?

Os que não o conheciam xingavam-no, humilhavam-no, tachavam-no de doido varrido. Embora se lembrasse das leis da paciência comentadas pelo Vendedor de Sonhos, não aguentou. Perdeu a paciência cinco vezes. Esquecendo-se do seu próprio passado, irritou-se com os alcoólatras:

– Dou-lhe uma bofetada, seu bêbado de uma figa.

Começou a perceber o quanto dera trabalho para os amigos. Era insuportável. Apesar desses contratempos, ajudou alguns curtidos no álcool a se levantar. Ouviu conversas furadas de uns, apoiou outros. Antes de retornar para o grupo, encontrou outro alcoólatra em situação lastimável, agora debruçado sobre o balcão.

Estava de costas, mas o tamanho da cabeça, o corpo e os movimentos que fazia pareciam familiares. Quando ele virou o rosto, confirmou. Era Barnabé, seu melhor amigo de bares e noitadas nos últimos dez anos. Boquinha só se afastara dele nos últimos tempos, depois que passara a seguir o mestre.

Barnabé tinha 1,75 metro de altura, pesava 110 quilos. Tinha três vícios. Era viciado em bebidas alcoólicas, comer e fazer discursos políticos. O álcool ainda não conseguira tirar seu apetite e seu ânimo, mas estava no limite.

Todo homem tem sua loucura, e toda loucura se manifesta de forma incomum. A maior loucura de Barnabé era fazer discursos em todo e qualquer lugar. Pedia votos para idosos, para senhoras, para adolescentes e até para crianças e bebês. Mas o sujeito não era candidato a nada.

Não poucas vezes, completamente embriagado, pediu votos para cães e gatos. Certa vez, abraçou um manequim e pediu voto para ele.

– Ei, bebum! Esse manequim não é vivo – zombaram dele.

– Não! Mas se fosse vivo votaria em mim – retrucou quase caindo e sem dar o braço a torcer.

Seu apelido era Prefeito. Achava-se dotado de uma grande liderança social. Não se sabia se ele fazia gozação com a cara de alguns políticos que amavam o poder ou delirava que iria mudar o destino da sociedade. Tudo indicava que as duas alternativas estavam corretas. Era quase impossível passar uma hora com ele e não vê-lo mastigando alguma coisa ou pedindo voto.

Bartolomeu (Boquinha) era o filósofo de rua, e Barnabé (Prefeito) era o político de rua. Seus pais eram igualmente migrantes que foram clandestinamente para outra nação para fugir da fome e da miséria. Mas lá encontraram outro tipo de miséria: a da insegurança, do abandono, da falta de proteção, da solidão.

Tinham não apenas nomes parecidos, mas também maluquices semelhantes: eram hiperfalantes, gozadores, criativos, tinham necessidade de ser o centro das atenções. Ambos competiam obsessivamente um com o outro, competiam até para saber quem era o mais estúpido, o mais sem-vergonha, o mais pirado. Contanto que ganhassem a competição, tudo certo. Os dois fizeram tratamento psicológico em serviços públicos e "endoidaram" alguns de seus terapeutas.

Do lado positivo, ambos tinham uma alma de criança, aprontavam, mas não tinham maldade. Gostavam igualmente de mordomias, faziam tudo para conquistá-las, mas tinham um coração de servir, davam o pouco que tinham aos miseráveis iguais a eles. Semelhantemente eram sacerdotes da alegria, sobreviveram tirando sarro da própria miséria, perdendo o medo de falar das suas mazelas. Ambos também eram especialistas em se meter em confusão e envolver quem estava próximo.

Colocar esses dois juntos era um grande risco, a sociedade virava um circo, e o circo pegava fogo. Barnabé, ao se virar para o lado de Bartolomeu, firmou os olhos e expressou:

– Boquinha, vo... vo... você aqui? – disse Barnabé quase em código, por não conseguir pronunciar as palavras devido ao álcool na cabeça.

– Prefeito, meu amigo, que bom vê-lo! – E se abraçaram.

Bartolomeu levou-o para uma praça a cinquenta metros do local e começaram a conversar. Ficaram algum tempo juntos até o efeito do álcool do Prefeito diminuir um pouco. Prefeito mastigava um pacote de bolachas. E aproveitou para dizer:

– Boquinha, você quer saber qual... qual... meu grande sonho... Para com essa la... ladaiiinha. Você me conhece.

E, provocando seu amigo, entoou a música que ambos cantavam quando saíam dos bares agarrados um no outro, tentando se equilibrar.

Você acorda, levanta, reclama e faz tudo igual
Luta para ser aceito, notado e sair no jornal
Corre atrás do vento como uma máquina imortal
Morre sem curtir a vida e jura ser uma pessoa normal

Bartolomeu, abrindo os braços, acompanhou-o na última estrofe, mostrando que não tinha perdido o espírito livre e aventureiro; ao contrário, ganhara asas.

Olha para mim e me diz com ironia social
Eis aí um maluco, um sujeito anormal
Sim, mas não vivo como você em liberdade condicional
Sou o que sou, uma mente livre, um louco genial

Após cantar, Boquinha falou num elevado timbre de voz:

– Prefeito, quando enchia a cara, eu era um doido varrido. Hoje sou mais arrojado e livre do que antes. As ideias fluem da minha mente, e corações se derretem ao ouvi-las – falou, exaltando sua filosofia de botequim.

– Pare de falar bobagens, Boquinha. Hoje você é um chato. Não está mais no time dos boêmios. – Nesse momento, o espírito de político tomou conta do cérebro do Prefeito. Levantou-se com dificuldade e fez um pequeno discurso: – Boquinha, o povo me... me... ama! Um dia serei carregado nos bra... braços dos meus eleitores. – Caiu sentado e acrescentou:

– Até os cães latirão alegres quando eu assumir o poder...

Prefeito, cinco dias antes, entrara em coma pelo excesso de bebidas. Quase morreu. Ele sempre fazia discursos nos bares para ganhar alguns trocados. E ganhava com mestria. Foi "eleito", junto de Boquinha, o miserável mais alegre da cidade, mas ultimamente estava deprimido. Infelizmente, apesar de ser tão jovem, estava em final de carreira.

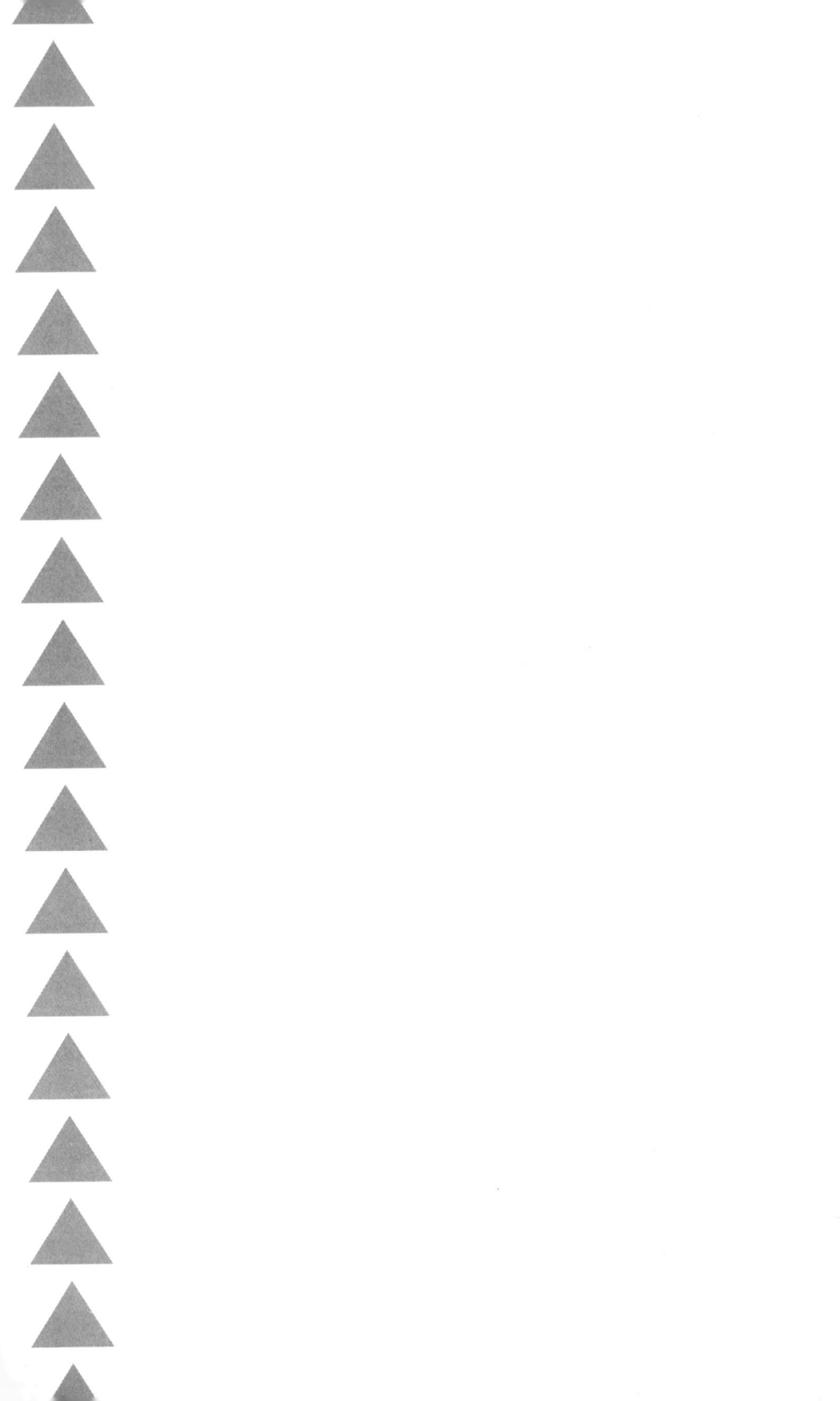

CAPÍTULO 12
A história do prefeito

Prefeito, assim como Boquinha, atravessara muitos desertos, vales e montanhas, e sem proteção. Infelizmente havia sido abandonado pelos seus pais quando tinha menos de um ano de idade. Nunca ficou sabendo o nome deles nem os motivos pelos quais o abandonaram. Deixaram-no na casa de uma família abastada. Estava desidratado e desnutrido, chorando incontidamente de fome. Mal começara a vida e extraíram-lhe o direito de sorrir.

A família que o adotou era rica, tinha reservas financeiras, mas não reservas afetivas, depósitos de amor, em especial para dar a uma criança que perdera a imagem dos pais biológicos muito cedo. Era uma criança que começava a desenhar alguns conflitos nos alicerces da sua personalidade.

Como tinha alguns enormes traumas não resolvidos em sua história, Prefeito, quando embriagado, voltava aos tempos de criança. Gostava de contar os períodos mais angustiantes de sua existência. Usava o efeito das bebidas alcoólicas para resgatar alguns elos perdidos do passado. Ficava, assim, mais doente.

Já contara diversas vezes esses períodos para seu amigo Boquinha. Mas, como este também vivia alcoolizado, não tinha paciência de ouvi-lo, até porque o próprio Boquinha tinha também suas "crateras" não solucionadas. Mas dessa vez Boquinha estava sóbrio e era um aprendiz de vendedor de sonhos, e entre esses sonhos estava a arte de ouvir, uma arte muito diferente da arte de falar, na qual era viciado. Fez descobertas incríveis diante de assuntos que superficialmente conhecia do amigo.

– Boquinha, eu era a criança mais linda e rechonchuda do mundo, mas meus pais me abandonaram na porta de um casal magrinho e que ainda por cima era vegetariano – disse, com pena de si mesmo.

– Meus pais adotivos queriam nutrir este belo corpinho com espinafre, suco de cenoura e outros vegetais. Eu dormia faminto todas as noites. Prefeito começou a chorar ao se lembrar da situação. Fez uma pausa e comeu mais algumas bolachas antes de continuar a contar seu drama:

– Toda vez que chorava de fome, meu pai dizia: "Cale a boca, menino! Vá chorar assim no inferno".

Boquinha lembrou-se dos seus pais adotivos e da fuga de casa.

Ficou sensibilizado. Prefeito continuou:

– Vendo que não parava de chorar de fome, meu pai enfiava uma cenoura na minha boca. Hoje tremo quando vejo uma cenoura na frente.

E começou a dizer que o casal era unido na comida, mas desunido na vida. Brigavam todos os dias. O pai acusava a mãe de gastar demais, e a mãe acusava o pai de ser omisso, frio, distante. E volta e meia acusavam um ao outro de ser o culpado por Barnabé ser um menino chorão. A relação entre eles era um inferno.

– "Você é um 'marica'!", dizia meu pai em seus momentos de fúria – comentou Prefeito entristecido. – Como as cenouras não resolviam minha fome, ele procurava me silenciar nas palmadas. – E sem medo chorava com essas recordações. Boquinha também. – Três vezes meu pai me amarrou na cabeceira da cama e bateu em meu traseiro com cordas – relatou Prefeito. – Coitado do meu bumbum, ficava vermelho igual a um pimentão.

Por fim, disse que os pais não suportaram seu comportamento. E, à semelhança de Bartolomeu, colocaram-no num orfanato, um orfanato dirigido por vegetarianos. E começou a relatar seu deserto emocional.

– Passei tanta fome naquele orfanato que tinha vontade de comer uma vaca inteira.

E dessa vez sorriu. À semelhança de Boquinha, aprendera a fazer piada da sua desgraça como mecanismo para sobreviver. Fez uma pausa e acrescentou:

— Cresci como um coelho dentro de uma horta.

Enquanto Prefeito fazia seus comentários, Boquinha continuava viajando nas perdas e frustrações por que também passara.

— Você é meu herói, Prefeito — disse Boquinha.
— Sou?
— Sem dúvida — confirmou Boquinha.
— Você tem razão. Sempre achei que sou um herói!

E deu um sorriso. Em seguida, continuou dizendo que, por ser gordinho, não se dava bem com nenhum esporte.

— Todos os meninos zombavam de mim. — E pegou a camisa do Boquinha, assoou o nariz.

Boquinha olhou para o céu e pensou: "Meu Deus, dê-me paciência para suportar o folgado". E este acrescentou:

— Tem alguns trocados para dar para esse pobre e miserável homem?

Boquinha disse que não. E indicou para ele continuar a sua história.

— Alguns meninos da escola e do orfanato me davam cascudos, chamavam-me de elefantinho, bola de futebol, botijão de gás, barriga de sapo, saco de bode, tambor, zabumba, bumbo.[2]

Por sentir-se excluído e sem amigos no orfanato, começou a cuidar de uma cachorra magra, velha, apática, feia, que só gostava de tirar soneca. De tão magra e feia que a cadela era, colocaram apelido nela de Assombração.

E comentou com ironia:

— Os únicos beijos que recebia no orfanato eram da Assombração. Toda noite a Assombração dormia aos meus pés.

---

2 A prática de perturbar e constranger colegas — muitas vezes confundida por educadores com uma simples brincadeira — já envolve 45% dos estudantes brasileiros, segundo estimativa do Centro Multidisciplinar de Estudos e Orientação sobre o Bullying Escolar (Cemeobes). A média mundial varia entre 6% e 40%. [Fonte: MAIA, M. C. As escolas encaram o bullying. Disponível em: <http://veja.abril.com.br/ especiais_online/bullying/abre.shtml>.]

– E o Terrorista dormia ao meu lado – disse Boquinha, resgatando sua história.

– Mas a Assombração era mais bonita do que o Terrorista – falou Prefeito com a voz mais vibrante.

– Não fala bobagem, *hombre de Dios*! Não compare meu supercão com sua mirrada e velha cadela.

– Mirrada cadela?

E começaram a discutir. Mas em seguida pararam, e Prefeito continuou a sua história. Contou que uma faxineira idosa do orfanato, ao ver diariamente os meninos zombarem dele, se compadeceu e tentou protegê-lo e ajudá-lo. Não era culta, mas tinha sabedoria. Disse-lhe certa vez:

– Quem não dá certo com os músculos pode dar certo com as palavras. Você poderá ser um grande político na vida, meu filho.

Barnabé, ao ouvir isso, quase explodiu de alegria. Não tendo mais nada em que acreditar, começou a crer que poderia ser um grande líder social.

– Serei um homem das palavras – sentenciou-se ainda menino. Alguns colegas ouviram os conselhos da faxineira e a reação eufórica de Barnabé. No outro dia, prepararam uma armadilha inumana. Quatro garotos mais velhos passaram-lhe a perna e, depois de humilhá-lo, o espancaram. Socavam-no e diziam:

– Reaja, líder! Seja forte!

O menino sangrou. E, apesar de não mais espancá-lo fisicamente, começaram a espancá-lo psiquicamente. Aumentaram a avacalhação, a zombaria, o deboche. Passaram a chamá-lo de Prefeito.

A partir daí, o menino começou a incorporar esse personagem. Não se sabia se era por pirraça, por ingenuidade ou para compensar a dura realidade imposta pela rejeição. O "Prefeito" foi, desse modo, desenhado nos áridos desertos que atravessara.

Assim como Boquinha, que lia sobre os grandes pensadores, Barnabé começou a ler a história de grandes políticos, como Salomão, Alexandre, o Grande, o imperador Júlio César, Abraham Lincoln. E pouco a pouco começou a inflar seu tom de voz e ensaiar discursos.

Prefeito e Boquinha tinham personalidades muito complexas. Quando todos pensavam que eles falavam sério, estavam brincando, e quando todos pensavam que brincavam, estavam falando sério. Os julgamentos que se faziam deles eram parciais, equivocados.

Depois de dois anos morando nas ruas, Boquinha encontrou Barnabé. Eram dois adolescentes mutilados pela vida. Foi amizade à primeira vista. Como eles mesmos dizem:

– Os malucos se amam e se entendem.

Prefeito, semelhantemente ao seu amigo, não se adaptou ao currículo escolar. Frequentou várias escolas quando morava nos orfanatos. Mas era hiperpensante, inquieto, agitado, hiperfalante, crítico. Era um estranho num ninho fechado. Alguns professores eram seus maiores fãs. E, dando asas a sua imaginação, diziam que votariam nele. Outros não o toleravam.

– Fica quieto, menino – uns diziam.

– Fecha a matraca, garoto insuportável – falavam outros.

Certa vez, um professor pediu-lhe para ler a palavra "responsabilidade" diversas vezes na frente dos colegas, pois não sabia pronunciá-la. Quanto mais ele a lia, mais engasgava e errava a palavra. Zombado pelos colegas, sentiu-se humilhado, perturbado, e, assim, adquiriu um trauma. A partir daí, não conseguiu ler mais nada em público. Quando tentava, sua mente bloqueava-se. Por isso, todos os seus "discursos" eram improvisados.

Havia alguns brilhantes professores que tentavam envolvê-los, mas o número de alunos por classe nas escolas públicas era grande. Não tinham tempo para investir no intelecto deles. Boquinha e Prefeito eram considerados insubordinados, rebeldes, revoltados. As escolas estavam despreparadas para acolher jovens fora dos padrões convencionais de comportamento. Eles adoeciam, e os professores também. Foram excluídos.

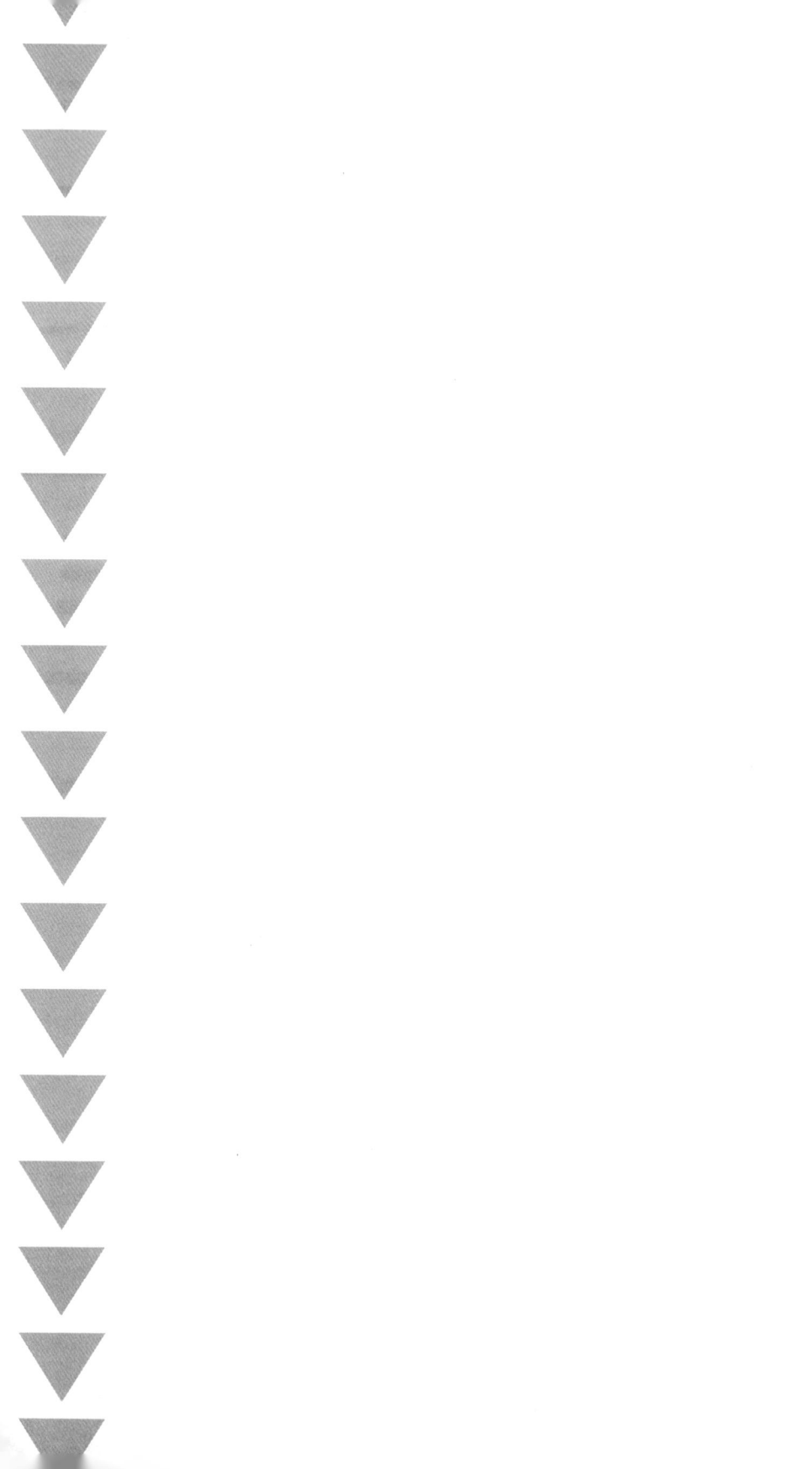

CAPÍTULO 13
Einstein, um maluco genial

Bartolomeu levou Prefeito até o Vendedor de Sonhos. Estava mais sóbrio nesse momento. Era um jovem com pouco mais de vinte anos. Depois de rápida conversa, deu-lhe um abraço afetuoso e o convidou para fazer parte do time dos sonhos.

Prefeito não entendeu a proposta, mas ficou eufórico. Vivia na companhia de urubus, drogados, bêbados, lixo. Nunca ninguém o havia chamado para um projeto mais sério. Viu nesse chamamento sua grande oportunidade de escalada política. Sem saber onde estava pisando, o mestre construiu um campo minado reunindo Bartolomeu e Prefeito. Era uma forma infalível de arrumar confusões, mas ele tinha apreço por pessoas sofridas. Escolhia seus discípulos independentemente do QI (quociente de inteligência). Para ele, cada ser humano tinha suas habilidades particulares.

A inveja é universal. Ao perceber que Boquinha e Prefeito sobressaíam-se no grupo, começou a haver um estranhamento por parte de Júlio César, o intelectual da turma. Para esse renomado professor de sociologia, o Vendedor de Sonhos, se quisesse levar adiante seu revolucionário projeto de vender sonhos, deveria chamar pessoas cultas, ponderadas, lúcidas, como cientistas, médicos, psicólogos, executivos. "Chamar esses rebeldes com baixo nível de inteligência era um tiro no pé", pensava.

Esqueceu-se de que, entre os sonhos mais relevantes que o mestre propunha para ser "vendido", ou melhor, difundido, estava o de conhecer a si mesmo e de lutar contra a necessidade neurótica de poder, de estar sempre certo, de controlar os outros. Era um tempo difícil. Milhões de pessoas conheciam átomos que nunca viram e planetas em que nunca pisaram, mas não conheciam minimamente a si mesmos. Não observavam suas loucuras, seus preconceitos nem sua autopunição. Nem mesmo percebiam que exigiam muito de si.

Júlio César era um intelectual preconceituoso. Aprendeu a observar os outros, mas era míope para enxergar a si mesmo. Gabava-se de ser um gênio, um sobredotado. Em testes lógicos, tinha a invejável marca de 140 de QI, um quociente muito acima do da população média americana, de QI 98, ou da população europeia, de QI 100.

Ele sabia, mas não admitia, que os testes de QI eram falhos. Não mediam o imaginário, a criatividade em situações estressantes, a capacidade de pensar antes de reagir, de proteger a emoção, nem de trabalhar em equipe. Tinha um QI altíssimo para questões lógicas, mas era um desastre em áreas que envolviam relacionamentos, emoções, frustrações. Tanto assim que ninguém o suportou, nem a esposa, o único filho, amigos, alunos e os professores que ele coordenava.

Tinha necessidade de que os outros gravitassem na sua órbita. Jamais reconhecia seus erros, nunca pedia desculpas. Era rápido em criticar e lento em acolher. Quando contrariado, reagia com agressividade.

Conviver com Boquinha e Prefeito era-lhe um árduo desafio diário. No início da jornada, não conseguia digerir a liberdade, peripécias, as atitudes irreverentes.

Certa vez, quando eles deram mais uma nota fora, Júlio César lhes disse:

– Vocês são decepcionantes. Não têm condições intelectuais de seguir o mestre.

Em vez de se sentirem agredidos, Boquinha e Prefeito mais uma vez o desafiaram:

– Querido Superego, faça o teste. – Superego era o apelido que ambos deram a Júlio César, devido ao seu ego grande, seu orgulhoso ar de superioridade.

— O quê? Vocês querem que eu lhes faça um teste de QI? Isso é uma piada!

O mestre, percebendo a rejeição de Júlio César a eles, aproveitou o momento e também o desafiou.

— Por que não, Júlio César? Já que desejam, aplique um teste de QI neles. — E recomendou: — E aplique o teste mais difícil, o que envolve raciocínio esquemático, inventividade e tomada de decisões.

— Mestre, não perderei tempo. Serão humilhados. Basta ouvir as bobagens que falam a cada momento para ver suas limitações intelectuais. Você os escolheu por compaixão, e não pelo QI. E eu o respeito — afirmou categoricamente. Suas palavras jogaram a inteligência dos dois arruaceiros no tapete.

Mas Prefeito nunca se sentia derrotado. Quando desprezado, o homem virava uma fera. Entrou em ação e cresceu diante do intelectual:

— Distinto eleitor, por trás das grandes bobagens há grandes ideias. Tens medo do resultado?

Júlio César caiu na gargalhada. Não queria fazer o teste porque tinha convicção de que o QI deles daria bem abaixo da média.

— Há intelectuais que escondem sua fragilidade atrás dos seus títulos. Mas certamente não é o seu caso — ironizou Boquinha.

Nesse momento sentiu-se desafiado, e resolveu aplicar um dos testes de QI que envolvia experiência imaginativa e capacidade criativa. Tal teste somente era aplicado em alguns raros alunos das universidades. Nesse tipo de teste, Júlio César não se saía bem, apresentando um QI próximo do padrão normal.

Chamou Boquinha e Prefeito em particular e ficou horas aplicando-o. Eles assoviavam, cantarolavam, pareciam desconcentrados.

Certamente o resultado seria decepcionante. Era seu momento para desmascarar os dois baderneiros e mostrar que o Vendedor de Sonhos fizera uma péssima escolha.

Entretanto, à medida que os resultados apareciam, Júlio César foi perdendo a fala. Começou a lhe faltar o ar, ficar rubro, perder a fala. O resultado o assombrava. Pensava consigo que alguma coisa estava errada. Não podia acreditar.

Ambos aparentemente eram malucos, mas apresentaram uma genialidade maior do que a dele nessas complexas áreas. O intelectual ficou embasbacado e envergonhado. Mas guardou segredo. Não contou para ninguém o resultado, nem para os dois. Disfarçou dizendo que o teste falhara. E ele mesmo tentou apaziguar seu espanto. E pensou: "Se de fato forem gênios, poderão usar sua genialidade para o mal, para colocar em risco quem está a sua volta".

Boquinha e Prefeito olharam para ele e tentaram abrandar seu espanto:
– Nós sabemos que sua inteligência é superior à nossa.

Júlio César não sabia se eles estavam zombando dele ou falando sério. Na adolescência, como não se adaptavam nas escolas, fizeram alguns testes de inteligência fundamentados na memorização de dados e no raciocínio lógico-matemático, que eram os testes em que Júlio César se saía muito bem. Nesses testes de QI, os dois baderneiros tinham péssimo desempenho. Mas em testes que envolviam a construção de estratégias, esquemas, observação detalhada, habilidades criativas e imaginativas, revelavam uma genialidade surpreendente.

Einstein também não se adaptava ao currículo escolar. Seu desempenho em sala de aula nunca foi notável. Os professores de sua universidade não apostavam nele nem acreditavam que pudesse ir muito longe. Jamais pensaram que ele se tornaria um dos maiores "cérebros" da humanidade. Faltava às aulas e parecia alienado como Boquinha e Prefeito. Ao se formar, Einstein peregrinou por algumas universidades para dar aulas, mas não brilhou. Sem perspectivas, foi trabalhar numa firma de patentes, registrando descobertas de outros: nada era tão repetitivo, sem atração intelectual e sem apelos criativos. Mas lhe sobrava tempo para pensar e expandir sua experiência imaginativa.

Quando se reunia com seus discípulos e comentava sobre a história de Einstein, o Vendedor de Sonhos dizia que ele se notabilizara não pela excelente memorização de dados, mas pela organização nova dos dados, pela capacidade de pensar por meio de imagens e de interpretar esses fenômenos de diversos ângulos. Ele era capaz de imaginar-se viajando num raio de luz e observar, ao mesmo tempo, um relógio para saber o que aconteceria com o tempo.

O próprio Einstein comentara que para produzir novas ideias era mais importante a imaginação do que o excesso de informações. Habilidade não trabalhada pelos alunos dos tempos modernos, que entulhavam seus cérebros de informações, mas não sabiam organizá-las. Tornavam-se repetidores de dados, e não pensadores de novas ideias.

O Vendedor de Sonhos sabia que mais de 90% dos "Einsteins", "Isaacs Newtons", "Galileus", "Copérnicos", "Freuds", "Piagets" eram enterrados na história sem brilhar na ciência e na sociedade, por não serem compreendidos, apoiados, lapidados. Sabia que os gênios, por terem habilidades excepcionais em algumas áreas e inabilidades graves em outras, não se adaptavam aos comportamentos padronizados, tornavam-se estranhos no ninho social. Não poucos eram excluídos. Essa exclusão contribuía para que alguns sobredotados desenvolvessem depressão, fobia social, comportamentos compulsivos e outras doenças psíquicas. Boquinha e Prefeito canalizaram seus conflitos e sua genialidade mal lapidada para o alcoolismo e outros transtornos emocionais.

Ninguém sabia a identidade do Vendedor de Sonhos. Desconhecia-se que aquele que se vestia como um miserável era, na realidade, um homem cultíssimo, de raciocínio felino, um bilionário que perdera tudo que mais amava, seus filhos, num trágico acidente.

Depois de passar pelos vales mais dramáticos da dor humana, esse misterioso homem se tornou caçador de pérolas humanas, um garimpeiro de talentos incomuns. Saiu pela rua como um mendigo chamando seguidores que de alguma forma eram descartados socialmente. Não foi sem razão que chamou Bartolomeu e Prefeito, dois alcoólatras, falastrões, golpistas, especialistas em tumultos, que viviam à margem da sociedade. Adotou-os como seus filhos.

Para ele, não apenas jovens como Boquinha e Prefeito estavam socialmente alienados, mas a maioria dos jovens que saíam do ensino médio e das faculdades também. Sonhava que nos currículos acadêmicos do mundo fossem discutidas as matérias (artigos e reportagens) dos grandes jornais independentes. O mundo globalizado sofria mudanças econômicas, tecnológicas, nas políticas ambientais, nos conflitos sociais, tão rápidas e fundamentais que na opinião dele a grade curricular do ensino médio e universitário estava ultrapassada. O mundo globalizado exigia a formação de mentes globalizadas para corrigir as loucuras das políticas globais.

O Vendedor de Sonhos, para cumprir esse sonho, debatia à luz de vela ou lanternas com Bartolomeu e Prefeito as ideias dos jornais que recolhia pelas ruas e dos livros das pequenas bibliotecas de filosofia e de história que tinha em alguns viadutos onde pernoitava. Ninguém sabia, mas ao que parece ele tinha grandes planos para seus discípulos. Treinava seus alunos a conhecerem a si mesmos, a libertarem sua experiência imaginativa e suas habilidades.

O caçador de pérolas acreditava que *um bom educador investia nos alunos que tiravam as melhores notas, mas um excelente educador investia também nos que tinham um péssimo desempenho nas provas, nos que ninguém acreditava ou compreendia, nos que nunca subiram ao pódio e, portanto, jamais receberam aplausos sociais, mas tiveram a coragem de participar da jornada.*

Percebeu que Boquinha e Prefeito provavelmente não sobreviveriam no terreno social, seriam consumidos pelo alcoolismo e cairiam na insignificância intelectual. Investir neles era uma prova clara de que acreditava que a maluquice e a lucidez, a loucura e a genialidade, estavam muito próximas uma da outra.

De gênio e louco todo mundo tem um pouco, dizia ele insistentemente em seus discursos. Sonhava que seus seguidores aprendessem a trabalhar os extremos. O problema era que Boquinha e Prefeito os tinham em excesso... Eram feras intelectuais quase indomáveis.

CAPÍTULO 14
O homem nasce neutro, a sociedade o corrompe

Certa vez, o Vendedor de Sonhos sentou-se na grama, perto de um velho banco de concreto cuja pintura estava esfolada pelo tempo. Olhava calmamente o horizonte, como se estivesse ao mesmo tempo próximo e distante de cada um dos seus discípulos. Boquinha e Prefeito sentaram-se um de cada lado dele. Os demais discípulos sentaram-se ao seu redor.

O homem que seguiam colocou o cabelo para trás com a mão direita, escorreu-a sobre o rosto e em seguida comentou com suavidade:

– O filósofo Rousseau disse que o homem nasce bom, e a sociedade o corrompe. Mas essa ideia precisa de reparos. Para mim, *o homem não nasce nem bom nem mau, nasce neutro. E o ambiente social, incluindo o familiar, escolar, os amigos, educa ou realça seus instintos animais, liberta sua mente ou a aprisiona. E em geral aprisiona.*

O mestre estava sempre os alertando de que deveriam buscar o verdadeiro oxigênio da liberdade. Para ele, ser livre não era fazer o que vinha à cabeça, ser livre era explorar o máximo de liberdade dentro dos limites que se tinha. Havia muito ar fora deles, mas faltava oxigênio no terreno da emoção. Em seguida, completou sua ideia:

– Todo homem nasce com uma memória instintiva capaz de promover a agressividade, o individualismo, o personalismo, a exclusão. É necessário que os educadores trabalhem essa memória como artesãos, estimulando a elaboração de milhares de experiências existenciais para abrandar e dominar os instintos animalescos. E, assim, esculpir o altruísmo, a compaixão, a amabilidade, a generosidade, a paciência – ele disse tais palavras porque sonhava ser um desses artesãos.

Ao ouvir suas palavras, Júlio César observava sua face e viajava em suas recordações. Conhecera muitos cientistas sociais, mas jamais estivera próximo de alguém tão vibrante como o Vendedor de Sonhos. Ficava imaginando se não estaria vendo ao vivo e em cores a história se movimentar. Ficava pensando até onde o homem maltrapilho que eles seguiam chegaria e que povos alcançaria. Mas, caindo em si, pensou: "Com Boquinha e Prefeito no bando, chegará a ser um hóspede num presídio de segurança máxima ou num hospital psiquiátrico".

No momento em que viajava em seus pensamentos, apareceu subitamente Edson, o discípulo religioso, quase sem fôlego. Havia se ausentado por alguns momentos para ir ao banheiro, do outro lado da praça. No retorno, tinha visto uma cena que o abalara.

Com a voz confiscada pela tensão emocional, comentou que havia um jovem escalando o grande Monumento à Independência, provavelmente não para montar no grandioso cavalo de ferro posicionado a mais de dez metros de altura, mas com o intuito de tirar a própria vida. As pessoas se aglomeravam ansiosas no local.

A notícia inquietou o grupo. Um problema tão grande precisava de uma solução à altura. Olharam todos ao mesmo tempo para o mestre. Esperavam que o Vendedor de Sonhos se colocasse imediatamente de pé para resgatar mais um suicida do caos, turbinando sua coragem para enfrentar seus problemas de peito aberto. Mas ele não se moveu. Provavelmente tinha condições para usar sua penetrante inteligência para romper a resistência do jovem que perdera o encanto pela vida. Mas não reagiu.

Abalados, os discípulos queriam levantá-lo pelo braço, mas o mestre insistiu em ficar na posição em que estava. Ele os havia treinado dia e noite para surpreenderem a mente dos angustiados, agora era a vez de eles irem a campo.

– Vão lá e vendam sonhos a esse jovem.

– O quê? Nós? Impossível! O risco é muito grande, mestre! – disse Mônica sem pestanejar, envolta numa aura de apreensão. Todos concordaram com ela. Todos sabiam que eram mortais, mas a simples possibilidade de uma morte ocorrer diante dos olhos deles retirava-lhes o solo para caminhar. Os discípulos estavam livres exteriormente, mas sentiam-se aprisionados pelo medo. Alguns não agiam pelo medo de falhar. Se falhassem, o jovem suicida poderia se espatifar diante de seus olhos. Era mais fácil ficar no individualismo deles, ser escravo do instinto de autoproteção, não correr perigo e esquecer a dor do outro.

O mestre permaneceu sentado. Vendo-os irremovíveis, proclamou a poesia dos sonhos num ambiente tenso:

– Os sonhos são projetos de vida. Eles libertam a imaginação e irrigam a inteligência para pensarmos em outras possibilidades. Quem sonha reescreve seus textos e reinventa sua história. Vocês sabem se reinventar diante dos medos que atravessam ou ficam paralisados?

De repente, emocionalmente inflamado, levantou-se e provocou-os:

– Não sejam servos do egocentrismo, vassalos do individualismo. Saibam que o maior sonho que um ser humano deve vender e comprar nessa sociedade consumista é o de alcançar uma mente livre!

E bradou altissonante, assustando os caminhantes:

– Quem tem uma mente livre corre riscos para contribuir com os outros. Riscos de falhar, de dar vexame, de chorar, de ser considerado estúpido, psicótico, falsário, fazem parte da pauta de todo ser humano solidário. Foi para isso que os chamei!

E, respirando fundo, o intrigante homem que seguiam disse:

– Nenhum suicida é de fato um suicida. Nenhum deles quer na realidade se matar. Querem matar sua dor. Surpreendam e sejam criativos para explorar essa fome e sede. Como? Não sei! Libertem suas mentes! Dancem a valsa da vida com um intelecto desengessado.

Júlio César engoliu em seco essas palavras. Teve um nó na garganta. Sabia por experiência própria que o risco era grande, e teve medo de corrê-lo. Pensou consigo: "Dancei músicas na universidade. Mas essa valsa não me ensinaram".

De repente, os dois falastrões, os que supostamente eram os que podiam menos ajudar nesse complexo clima, mais uma vez botaram as asas de fora.

– De dança eu entendo, mestre! – disse com ousadia Boquinha.

– *Qué pasa, hombre?* Eu *mucho* mais! – disse Prefeito, e subitamente pegou Mônica para dançar. Pega tão de surpresa, ela não conseguiu dizer não. Caindo em si, porém, ela o deixou. O sujeito estava morrendo, e aqueles dois tinham tempo para brincar.

Júlio César colocou as mãos na cabeça. Tenso e ofegante, pensou consigo: "O que estou fazendo aqui? Esses dois malucos endoidam qualquer um. É melhor sair correndo do que assistir a essa bomba explodir...".

De repente uma bomba explodiu:

– *Puum*!

Júlio César quase caiu para trás. Em seguida percebeu que foi Boquinha que fizera o barulho com sua bocarra. Parece que ele leu o pensamento do intelectual. Passado o susto, tentou explicar seu inquietante comportamento.

– Desculpe-me, grande Júlio César, queria testar seu domínio emocional neste momento tenso.

O intelectual queria partir para cima dele e dar-lhe uma bofetada, mas conteve seus instintos. Novamente pensou consigo: "Em poucos dias esses caras me enviarão para o cemitério. Enfartarei".

Todos estavam apreensivos.

CAPÍTULO 15
Bons samaritanos ou sócios de funerária?

As palavras do mestre pulsavam na psique deles. Tinham de tentar. Júlio César, em especial, não podia ficar parado, pois fora resgatado ao passar por experiência semelhante. Mas estava travado.

O medo e o egoísmo em alguns casos andam muito próximos.

Tinha medo de sua imagem de intelectual ser abalada, se falhasse. "E agora, José?, como dizia o poeta Drummond, reajo ou me omito? Estendo as mãos ou as recolho? Enfrento o vexame ou me escondo?", disse Júlio César ocultamente em sua mente.

Vendo-os titubeantes, o mestre disse pela última vez:

– A quem enviarei?

A professora Jurema esfregava as mãos na testa. Salomão esfregava as mãos no peito e despistava o olhar. Júlio César baixou a cabeça. Edson meditava. Dimas fungava. Subitamente, enquanto estavam se escondendo da tempestade, duas árvores caíram sobre a cabeça deles. Só podiam ser Bartolomeu e Barnabé. O primeiro disse bombasticamente:

– Chefinho! Envie-me. Tenho "E", experiência. Aceito a grande missão!

Prefeito, para não ficar para trás, levantou-se, aumentou o timbre da voz e, como um político em época de campanha, discursou sem titubear:

– Mestre. Eis-me aqui. Sou líder generoso e livre. Como poderia recusar libertar outras mentes?!

Júlio César começou a ter um ataque de nervos.

– Ai, meu Deus, esses dois, não!

Mas, ao ver Júlio César desprezando-os, ambos mostraram mais coragem ainda. Levantaram-se resolutos, decididos. Júlio César pensou: "Claro, são decididos porque são ingênuos, inconsequentes, incapazes de pensar nas reações que desencadeiam".

Prevendo o pior, ele advertiu o mestre. Mas procurou ser polido.

– Mestre, Boquinha e Prefeito são jovens dotados de boas intenções, gostam de ajudar seus semelhantes. Mas, decididamente, não são a melhor escolha. É melhor que fiquem.

Eles não gostaram. Torceram o nariz.

– Motivos, Superego? – retrucaram os dois sem pestanejar.

Ao chamá-lo de Superego e questionar seus motivos, fizeram Júlio César perder a paciência. Esqueceu-se do sujeito que estava para se matar do outro lado da praça e disse sem afabilidade:

– Motivos? Muitos motivos – repetiu, irritado. – Vocês não freiam a língua! São impertinentes, insubordinados, insurgentes, rebeldes. Com vocês dois, a tarefa, que é dificílima, será uma missão impossível! Haverá sangue e morte!

Quando pensou que os tinha calado, eles pegaram mais fogo ainda.

– Conheço esse filme *Missão Impossível*! – retrucou Prefeito. Boquinha teve a audácia de acrescentar:

– Claro! Foi *Tonzinho Cruz* que o fez.

A professora Jurema mais uma vez o corrigiu:

– Tom Cruise!

Mas o famigerado Boquinha a surpreendeu:

– Jureminha, Tom Cruise é para os estranhos, Tonzinho é para os amigos.

– *Yes*! – confirmou Prefeito.

A professora Jurema, embora fosse mais paciente que Júlio César, também não suportou. Estava de cabelo em pé, apreensiva, temerosa. Temia que o comportamento dos dois alcoólatras em recuperação e baderneiros de profissão pudesse comprometer o grande projeto do mestre. Diante disso, recomendou:

— Mestre, realmente gosto de Bartolomeu e Barnabé, mas eles não podem participar desse desafio. Só você tem alguma chance de resgatar o suicida.

Após ouvirem todos os motivos para ficarem calados e desertar da perigosa missão, ambos, por incrível que pareça, expandiram seus impulsos falatórios. Boquinha, com a maior determinação do mundo, afirmou:

— Querida e bela Jurema e respeitável Superego, fiquem calmos.

Eu e Barnabé somos especialistas em tirar suicidas do atoleiro.

— Somos? — perguntou Barnabé para Bartolomeu. Mas em seguida deu uma tossidela e se corrigiu: — Sim, claro, sem dúvida somos peritos. Já mandamos dez para o reino dos céus.

Júlio César começou a ter taquicardia e falta de ar intensas. "Serão eles assassinos?", pensou. E perguntou:

— Dez? — esperava que os arruaceiros estivessem brincando.

— Sim, é sério, dez! — confirmou o inveterado falador, abrindo as duas palmas das mãos.

Os demais membros do grupo quase desmaiaram ao ouvirem essa estatística. Ninguém duvidava que já houvessem mandado dez para o cemitério. Nesse momento, Júlio César pensou: "De fato, os testes de inteligência que apliquei falharam". Começou a ter crises de calafrios. Continuou pensando: "Imagine se os dois tivessem tentado me resgatar quando eu quis desistir da vida. Já estaria num caixão há muito tempo". Instintivamente, passou a mão direita sobre o pescoço e pela cabeça para sentir-se vivo.

Mônica, sempre paciente e divertida, tinha especial afeto pelos dois faladores, mas sabia que tudo tinha limite. O ambiente exigia serenidade e, por isso, era melhor não contar com eles. Sem citar nomes, comentou:

— Mestre, eu esperava que com o tempo seus discípulos ficassem mais sossegados, comedidos, equilibrados. — E acrescentou: — Mas alguns parecem imutáveis.

Não se sabia se Boquinha entendeu a crítica dela ou se foi irônico. Mas agradeceu:

– *Thank you* pelo imutável, querida Mônica. O mestre pacientemente respondeu:

– Mônica, ninguém muda ninguém. Só as próprias pessoas têm o poder de se mudar. Meu projeto não é mudá-las, mas estimulá-las a elas mesmas reescreverem sua história.

Até Dimas, o Mão de Anjo, perito em furtos, o malandro em via de recuperação, tentou barrá-los. Dimas, que estava cada vez menos gago, voltou a gaguejar:

– Eu fi... fi... co com vocês, queri... ri... dos amigos.

Mas nada retirava o ânimo da beligerante dupla. Prefeito, estufando o peito como político de cidade do interior, deu os primeiros passos em direção ao Monumento à Independência, que o jovem suicida estava escalando, e proclamou:

– Mestre, vozes da oposição querem silenciar-me!

Boquinha novamente os ironizou e desafiou a pequeníssima fé dos outros discípulos.

– *Trust in God* [confie em Deus] e confie em mim também.

O Vendedor de Sonhos meneou a cabeça. Não estava satisfeito com o conflito. Seus seguidores gastavam tempo demais discutindo uns com os outros.

– Os argumentos são desculpas para a inação! Deixe-os ir. Vocês são uma família, ajam em harmonia.

E emitiu um pensamento que penetrou como uma lâmina na emoção deles.

– Saibam que a miséria interessa não apenas ao miserável, mas também àqueles que discursam sobre ela para se autopromover. Não gastem tempo discutindo sobre a miséria, ajam para removê-la. Sejam protagonistas da história, e não espectadores dela. Ajam.

Pela primeira vez, Júlio César percebeu que o vírus da demagogia, que infectava alguns agentes políticos, também estava nele. Discutia na universidade a pobreza, a fome, as guerras, as drogas, o aquecimento global, mas não tinha nenhuma ação prática para resolver o problema quando tinha oportunidade.

Para finalizar, o filósofo das ruas tentou acalmá-los sobre a ação deles. Disse a maior verdade dos últimos tempos:

– Fiquem tranquilos, amigos. Sabemos que eu e Prefeito somos mentes complexas em busca da descomplicação. Só agiremos se vocês falharem.

"Nem em mil anos se descomplicarão", pensou consigo Júlio César. E expressou apreensivo para Mônica e Jurema:

– Quem são esses dois? Quem poderá freá-los? Essa dupla poderá causar uma confusão dos diabos.

E causou! Só que muito mais do que imaginavam!

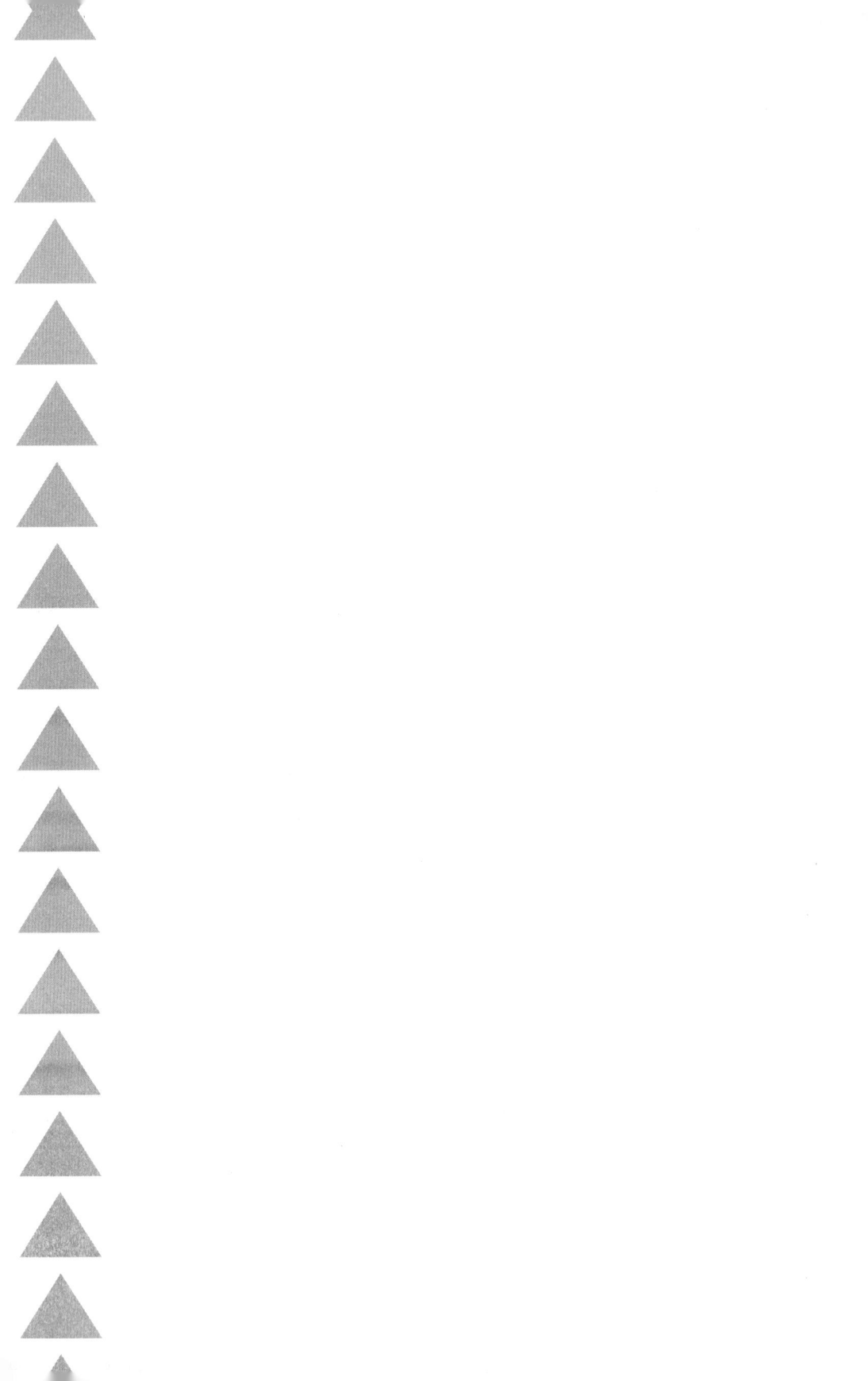

CAPÍTULO 16
Travado pelo medo

Viver nessa família era ter surpresas diárias. A comédia e o drama faziam parte de suas histórias. O jovem Salomão e Edson puxaram Júlio César pelo braço, apressando-o, pois estava inseguro.

Aliás, todos estavam receosos de que o sujeito não estivesse mais respirando.

Durante a caminhada até o outro lado da imensa praça, passaram por pinheiros, palmeiras e acácias que os impediam de enxergar o horizonte e vislumbrar o cavalo de ferro que o jovem estava escalando. Durante o trajeto, Bartolomeu soltou esta:

— Superego, na ausência do mestre, você será nosso guru!

— Guru, eu? Nem que o leão mie ou o gato ruja! — afirmou, sob uma aura de taquicardia e uma ansiedade irrefreável.

Todos queriam se apoiar nele, afinal de contas, era o mais culto e experiente nessa área. Estudava suicídios e crises sociais. E ele mesmo já havia passado pelo ápice da dor e pensado em desistir de tudo, quando, então, fora conquistado pelo Vendedor de Sonhos. Durante o percurso, sua mente escapou ao seu controle. Pensava: "O que falar? Em que tom falar? Como reagir? Isso não vai dar certo!".

Prefeito, devido ao seu peso e falta de exercícios, estava começando a perder o fôlego. O corpo estava lento, mas sua língua, não. Em vez de se aquietar, provocou mais ainda o intelectual.

– Para resgatar um pirado, só um pirado ao quadrado. Ande mais rápido, Superego.

Júlio César olhou para trás, resmungando. Parecia que soltava fogo pelas narinas. De repente, ao se aproximarem do local, Boquinha olhou para a turma e deu este recado:

– Pessoal, tem muita gente nesse local. Vamos fingir que somos normais.

Tensa, Mônica reagiu:

– Então esconda a cabeça e morda a língua, Boquinha.

Bartolomeu ficou quieto por alguns instantes. Apesar do estado de nervos em que deixavam os outros, Dom Quixote (Bartolomeu) e seu fiel escudeiro Sancho Pança (Prefeito) eram invariavelmente festivos. "Viver fora da realidade tem suas vantagens", pensou o intelectual de seus companheiros.

Havia mais de uma centena de pessoas que circundavam parte do monumento, fazendo uma meia-lua. Estavam angustiadas, algumas choravam e clamavam para o suicida recuar. Um jovem musculoso, de menos de trinta anos, havia escalado a pilastra de vinte metros. Fixou-se no cavalo e estava finalizando a escalada do imenso cavalo de ferro. Havia risco de cair a qualquer momento, pois usava apenas um gancho e uma pequena corda como ferramentas.

Júlio César ficou aflito ao ver a perigosíssima cena. Mônica e a professora Jurema ficaram agoniadas e sem reação.

Boquinha e Prefeito estavam alguns metros atrás deles. Conversavam um com o outro sobre outros assuntos, sem dar importância para o depressivo jovem que queria colocar fim em sua vida. Boquinha pediu um bocado do sanduíche de Prefeito. Prefeito, percebendo que estava no final do lanche, recusou-se a dá-lo. Reagiu como um animal diante da presa.

Os bombeiros não haviam chegado. Alguns policiais que não eram especialistas no assunto estavam presentes e não sabiam o que fazer. Ao sofrer escorregões, o suicida ampliava a angústia dos espectadores.

Não parecia ser alpinista amador nem um aventureiro, apenas um ser humano no último estágio da dor.

Boquinha e Prefeito olharam para Júlio César e disseram:

– E aí, guru? O que fazer?

Júlio César estava sem voz. Viajava em sua história e se via no jovem, mas não sabia o que fazer nem como levá-lo a recuar. Ficou deprimido por instantes. O jovem escalava o monumento como se quisesse atingir um lugar que só existia em seu imaginário, um lugar sem prantos, sem lembranças, sem nada. Deve ter ouvido conselhos e orientações para superar suas crises, mas sua emoção continuava angustiada, fatigada, sem motivação.

Mônica agarrou o braço de Júlio César. Fora escrava da bulimia, comia ansiosamente e, por causa do sentimento de culpa, vomitava compulsivamente. Só depois de dois anos teve a coragem de pedir ajuda para uma doença tratável. Ficava pensando se o jovem que estava querendo desistir da vida tinha procurado amigos ou profissionais para ajudá-lo. Muitíssimo aflita, estimulou Júlio César a tomar uma atitude:

– Aja rápido. Fale algo para o jovem. A qualquer momento ele vai se atirar.

Júlio César não queria a responsabilidade de ser um líder. Nem era líder de si mesmo. Nunca penetrara na dor dos outros. Sabia que vários de seus alunos atravessavam graves crises emocionais e sociais, mas jamais perguntava o que estava acontecendo com eles. Não queria abrir a porta da mente deles, pois se sentia despreparado para lidar com seus dramas.

Desconhecia o pensamento de Alexander Graham Bell: se você andar por caminhos que todos conhecem, vai chegar apenas a lugares a que todo mundo chegou. Era egoísta. Só andava por caminhos que conhecia. Educar, para, ele era abarrotar o córtex cerebral de informações, e não formar seres críticos e pensantes.

Ao ser colocado em xeque por Mônica diante de uma pessoa que estava desesperada, finalmente pôs a si mesmo contra a parede.

Pensou: "De que adianta ter um QI de gênio se me comporto como menino quando preciso ser um adulto?". Mas continuava travado.

A multidão estava cada vez mais aflita com a proximidade do desfecho. Boquinha, tentando desbloquear a paralisia do sociólogo, perguntou-lhe:

– Como o mestre te resgatou quando estavas no alto do edifício? Júlio César, completamente perturbado, disse que o Vendedor de Sonhos tinha sentado-se no parapeito do edifício e começado a comer um sanduíche na sua frente. Contou que, ao vê-lo, gritou que iria se matar, mas o mestre o chocou dizendo que não atrapalhasse seu jantar. Ao ouvir isso, Prefeito entrou na conversa. Tirou um sanduíche do seu velho paletó preto, deu-o para ele e lhe disse:

– O mestre entrou na sua loucura. Entre na desse sujeito lá em cima. Se vire, meu amigo!

O intelectual caiu do pináculo. Engoliu em seco. Não sabia o que fazer com aquele velho sanduíche, nem como iniciar sua intervenção. Resistia a se manifestar. Suas palavras e reações poderiam precipitar o suicídio do jovem. Começou a ter tiques nervosos, a piscar os olhos e a esfregar as mãos no rosto compulsivamente. Estava nu em público.

CAPÍTULO 17
Uma confusão dos diabos

Enquanto Júlio César remoía seus pensamentos e afundava na lama da insegurança, as pessoas continuavam a tentar dissuadir o suicida de seu intento. A professora Jurema, do alto dos seus oitenta anos, mais ousada, se arriscou, gritando:

– A vida é difícil, meu filho, mas não desista dela. Lute!

Porém, nada. O jovem nem sequer reagiu às suas palavras. Uma senhora de aproximadamente 65 anos também alçou a voz e bradou:

– Pense nas pessoas que o amam.

Mas o jovem estava asfixiado pela crise depressiva.[3] Não pensava em nada, não se importava com nada e não enxergava ninguém à sua frente, a não ser sua dor. Estava obcecado, não pensava nas consequências dos seus comportamentos. Não refletia sobre as lágrimas inconsoláveis de quem ficaria. Um psicólogo saiu da multidão, aproximou-se e tentou cativar sua atenção.

---

3 Segundo a Organização Mundial da Saúde (OMS), nos próximos vinte anos, a depressão deve se tornar a doença mais comum em todo o mundo. Atualmente, 20% dos adolescentes sofrem de depressão. [Fonte: Organização Mundial da Saúde (OMS). Disponível em: <http://www.who.int/topics/en/>.]

– Por favor, dê-me uma oportunidade para ouvi-lo! Não quero julgá-lo. Você tem um amigo, vamos conversar?

Foi uma abordagem psicológica interessante, respeitosa, inteligente. Se fosse em outro momento, se não estivesse em local público nem profundamente angustiado, talvez essa abordagem funcionasse, mas o jovem não queria amigos nem falar mais sobre seus conflitos. Quando chegou próximo do lombo do cavalo de ferro, escorregou e quase caiu. A multidão em pânico fechou os olhos.

Dois psiquiatras especialistas em prescrever antidepressivos e tranquilizantes passavam pelo local e pararam. Conversavam um com o outro sobre o que fazer, mas não sabiam como agir. Eram notáveis para medicar pacientes quando eles correspondiam ao tratamento, mas não sabiam o que fazer em situações em que prevalecia a resistência.

Um deles, de cabelo grisalho, arriscou-se a dizer:

– Não tire a sua vida. Não há sofrimento que não possa ser superado.

Mas o jovem, infelizmente, estava cansado de conselhos. Talvez se tivesse um ombro para chorar no início ou no meio de sua crise, teria encontrado alternativas. Mas agora, no ápice da crise, parecia surdo. Só conseguia ouvir a voz do seu pesadelo.

Outras pessoas fizeram tentativas, inclusive um policial, um médico cardiologista e uma assistente social. Mas todos falharam. Mostrando que cumpriria sua sentença de qualquer maneira, o suicida olhou para baixo e vociferou com raiva aos espectadores:

– Caiam fora! Caiam fora! Estou acabado! Sou um homem morto!

Todos ficaram mais atônitos. O jovem subira agora em cima do cavalo de ferro e tentava atingir os ombros da estátua. Subitamente, quase caiu novamente, e ficou segurando com uma mão a espada do soldado. A multidão foi ao desespero.

Ele escalava o monumento sem saber que inconscientemente queria escalar os cumes de seus problemas e transcendê-los. Queria se atirar do lugar mais alto. Ao analisar esse símbolo, Júlio César pensou que essa atitude representava um fôlego de vida. Uma centelha de esperança. Tinha de aproveitá-la.

Nesse momento, arriscou cativá-lo tentando se colocar no lugar dele. O intelectual da sociologia encheu os pulmões e falou:

– Olhe, amigo! Eu já passei por isso. Entendo, pelo menos um pouco, a tragédia por que você está passando. Vamos falar de nossa história, conversar sobre nossos dramas. Vale a pena viver a vida.

O suicida parou. Júlio César pensou que o tivesse cativado. Ficou excitado por instantes. Mas em seguida veio a decepção.

– "Professor", suas palavras me dão ânsia de vômito.

Júlio César ficou abalado. Achou que se saíra pior do que os outros. Na realidade não saíra. Eram palavras carregadas de experiências, mas não para aquele momento. A dor do jovem era indecifrável. Chorara muitas vezes. Não dormira por várias noites.

Cometeu o erro de ser um herói, de viver sozinho sua guerra emocional. Gritava no silêncio, querendo superar suas perdas e aliviar os vexames sociais por que passara, mas não sabia falar de si. Agora que todos queriam ouvi-lo, ele desistira de falar. Sentia-se sem solo para andar, sem oxigênio para respirar.

O jovem chegou enfim ao topo do monumento. Ficou de pé em cima dos ombros do soldado de ferro. Era uma região onde era difícil se equilibrar.

Todos entraram em crise e, desesperados, fecharam os olhos para não ver a cena de terror. Quando ele ia se atirar, um garoto e uma garota de cerca de doze anos que conheciam Boquinha, chamando-o pelo apelido, o encorajaram:

– Belezura, ajude-o! Ajude-o! – choravam pelo suicida. Ele lhes disse:

– Grandes cérebros, nós já íamos entrar em ação.

Eis que entraram em cena os dois "coveiros" da plateia para terminar o serviço. Como dois combatentes atabalhoados, aproximaram-se perigosamente do monumento e, em vez de falar com o suicida, tentaram aos brados acalmar primeiramente a multidão.

– Calma aí, pessoal! Não se desesperem! – gritava sem parar Boquinha.

– Fiquem tranquilos! O menino vai descer lá de cima como um raio – bradou Prefeito.

A multidão emudeceu. O suicida pasmou-se. Voltou-se para baixo, piscou os olhos e não acreditou no que ouviu. "Será que esses caras querem ver sangue?", pensou. Júlio César colocou as mãos no rosto para não ver o sujeito se esborrachar.

Subitamente, Boquinha começou a bradar como um louco. Apontou a bocarra para o alto e, aos berros, disse:

– Desce daí, seu bundão, que vou lhe dar uma porrada.

Do suicida à plateia, todos levaram um choque, ficaram atônitos. Para não deixar dúvidas de que eram dois desvairados, Prefeito completou a fala de Bartolomeu. Disse com voz altissonante:

– É isso aí! Só porque escalou esse monumento pensa que é o fortão. Desça daí que lhe dou uns sopapos. – E começou a fazer gestos como se fosse um lutador de caratê.

De repente, sem querer, deu um golpe no Boquinha, que ficou meio tonto. A reação dos dois baderneiros era tão absurda que o suicida pensou que estava delirando. Chacoalhou a cabeça para ver se estava vendo e ouvindo bem.

Boquinha, sem dar tempo para o suicida respirar, gritou:

– Sofrer é privilégio dos vivos, seu banana-passa. Dou-lhe uma bofetada e você vai acordar para a vida, seu pote de geleia.

– Modere-se, Boquinha. O cara pode ser um bundão, mas não é um pote de geleia – tentou Prefeito defender o sujeito, que estava antenado neles. De repente, Prefeito soltou:

– Tá com medo do quê, bundão? Está numa draga financeira? Eu, muito mais. Tem mais de cem gerentes na minha cola, rapaz.

O jovem começou a ter taquicardia, suar frio e se contorcer de raiva. Em seguida, esquecendo o suicida, como se estivesse indiferente ao seu drama, Boquinha começou a conversar com Prefeito. O jovem tentava ser indiferente a eles, mas não conseguia. Como eram espalhafatosos e falavam alto, o suicida podia entender o assunto.

– Minha crise financeira é pior que a sua, Prefeito. Toda vez que passo na frente de um banco, faço o sinal da cruz e tenho vontade de levar flores.

Impressionado, Prefeito indagou o motivo.

– Por que, Boquinha?

O irreverente seguidor do mestre disse:

– Porque é lá que estou enterrado.

Ambos caíram na risada. As pessoas mais próximas também deram risadas dos dois palhaços. Esqueceram por alguns momentos que estavam num teatro de terror.

– Eu preciso de uma floricultura, *hombre de Dios* – disse Prefeito com sarcasmo.

Ao ver os dois espezinhando-o e em seguida caindo na risada, o suicida começou a bufar de raiva, parecia um dragão soltando fogo pelas narinas. Não sabia se se matava ou se os matava. Roubaram-lhe a cena, azedaram sua sopa. Se não bastasse isso, Boquinha começou a falar de outras causas pelas quais uma pessoa se mata.

– Desperta, garoto! Deu vexame? Eu, muito mais. Foi caluniado? Eu, incontáveis vezes. Foi injustiçado? Desde menino fui espancado, rejeitado, abandonado, excluído, algemado, amarrado, preso. Dizem que sou um vagabundo irrecuperável, um maluco irreversível, um bêbado sem caráter.

– Mas você é mesmo, Boquinha – disse Prefeito.

– Sou? Mas a gente esquece.

E novamente deram gargalhadas. Em seguida, Boquinha calibrou seu rifle para continuar atirando mais ainda no território da emoção do suicida:

– Tá fugindo da sua depressãozinha! Já tive uma das bravas. Nenhum psiquiatra me aguentou. Sua mulher o traiu? Fui traído cinco vezes!

O suicida ficou em pleno ataque de nervos. Começou a ter tiques. Coçava a cabeça, queria ter um par de asas para voar na garganta dos dois. Mas, confuso, não sabia se ria ou chorava.

– Cinco mulheres te traíram, Boquinha? – perguntou Prefeito.

– Cinco, Prefeito. As mulheres não sabem o que perderam.

– Você foi traído porque é um mau-caráter. Ninguém te aguentou.

– E que mulher o suportou?

Prefeito afagou a nuca, olhou para o suicida e reconheceu que não era flor que se cheirasse. Em seguida falou não das suas mulheres, mas da mãe delas:

— Tá fugindo da sogra? Já apanhei de três sogras. Uma delas quase me botou no micro-ondas! Outra no *freezer*! E ainda outra em cana! A multidão novamente esqueceu o suicida e sorriu. Algumas pessoas começaram a pensar que tudo aquilo fora armado. Era peça de um teatro experimental. Nada era real.

Prefeito voltou a confabular com Boquinha, dizendo que era inocente:

— Boquinha, prefiro enfrentar uma guerra a enfrentar uma sogra histérica.

Os lábios do jovem tremiam no alto do monumento. Parecia um leão querendo rugir. Diante de uma plateia perturbada com as palavras dos dois, Boquinha desafiou mais ainda o desiludido:

— Tá querendo morrer porque sofreu perdas? Perdi mais que você, seu sorvete de verão! Perdi pai, mãe, irmão, segunda mãe, casa, escola, amigos. — E, depois de comentar essa coleção de perdas, ficou com os olhos lacrimejando e falou emocionado: — Perdi tudo, cara. Tudo mesmo!

— Perdeu até a vergonha na cara — completou Prefeito. Mas, em seguida, olhou para o amigo e, vendo-o comovido, também se comoveu: — Sou seu irmão, cara. Eu também perdi tudo. Não conheci nem mãe nem pai. Engoli dez mil cenouras na infância. Sempre vivi numa tanga desgraçada. Numa ponte sem cachorro.

— É, mas você tinha a cadela Assombração — lembrou Boquinha.

— É verdade. Mas ela morreu. — E começaram a chorar um no ombro do outro. A dor do suicida ficou pequena diante da deles. Mas o rapaz achava que estavam debochando dele.

Em seguida, Prefeito parou de chorar, olhou para o jovem em cima do monumento e fez gesto de lutador. Começou a dar pulinhos e socos no ar, e a dizer:

— Enfrente estes punhos, seu molão.

E, como era um péssimo lutador, tropeçou nos próprios pés, elevou o punho direito à frente e, sem querer, deu um murro direto no queixo do Boquinha. Foi um segundo golpe, mais certeiro. Quase o nocauteou.

— Onde estou? — perguntou Boca. Com vertigem, piscou os olhos várias vezes, viu Mônica e disse: — Que lugar lindo! — Em seguida, olhou para Júlio César, recobrou os sentidos e retrucou: — Tá achando graça do quê, Superego? Nunca levou uma porrada de um falso amigo? – E pôs as mãos no queixo.

Toda essa confusão foi muito rápida. Demorou cerca de dez minutos. Em seguida, felizmente, os policiais presentes entraram em cena para acabar com a festa. Indignados com os dois amotinadores, baderneiros e arruaceiros, grudaram em seus cabelos, dominaram-nos e os algemaram. Queriam levá-los para a delegacia por tentativa de homicídio. O suicida ficou extasiado ao ver a cena. Finalmente teria paz em seu momento final.

Mas de repente entrou um personagem que quase matou todos de susto: a professora Jurema.

Com seus cabelos branquinhos, rosto marcado pelas cicatrizes do tempo, mas bem maquiado, lábios pintados, calça bege impecavelmente combinada com seu blazer branco e ar de quem não mente nunca, interrompeu a ação dos policiais. Aos gritos, disse:

– Calma aí, seus guardas! Calma aí! Somos uma família!

Os policiais não entenderam suas palavras, mas abrandaram a reação para ver o que se passava. Ela explicou:

– Somos todos da mesma família.

– O quê? A senhora, esses dois e o rapaz no topo do monumento são da mesma família? – indagaram perplexos os policiais.

Abraçando Bartolomeu e Barnabé, ela confirmou categoricamente:

– Sim! Não está vendo os traços? Somos todos só uma família. – Em seguida, olhou para os dois discípulos amalucados e lhes disse: – Não se perturbem, queridos, estou aqui.

– O que o suicida é seu? – perguntou confuso o policial mais alto e musculoso para Boquinha. Este disse:

– *My brother* mais novo.

Prefeito não perdeu tempo, entrou na loucura do Boquinha.

Olhando para o alto, adotou o suicida.

– Sossega o facho um pouco, mano! – E lhe jogou um beijo.

Quando o suicida ouviu que os dois loucos lá debaixo o chamaram de irmão, sentiu dor no peito, faltou-lhe o ar e teve a sensação de que iria morrer, mas agora de infarto.

Olhou-os quase chorando e pensou: "Estou fora. Sou maluco, mas eles são muito mais que eu".

Foi assim que se formou a família mais incrível que já pisou naqueles ares.

CAPÍTULO 18
Uma família muito doida

Os policiais, abalados, os soltaram. Poderiam duvidar dos arruaceiros, mas não da senhora idosa. Prefeito, intrigado, pegou no braço de Boquinha e, juntos, se aproximaram da professora Jurema e lhe perguntaram baixinho:

– Ele é da família?

– Sim! – ela reafirmou.

– Mas que família? – indagou curioso Bartolomeu.

– Dos malucos, oras bolas! – explicou a professora.

– Caramba, é mesmo! – Olhou para cima e disse: – Tô vendo que conheço esse cara.

Ao ouvir que a brilhante intelectual, a professora Jurema, entrara na loucura de Boquinha e Prefeito, Júlio César esfregou as mãos na cabeça para testificar se tudo aquilo era real ou estava sonhando. Perturbado, chamou rapidamente a professora de lado e indagou-lhe:

– Jurema, o que aconteceu com você? Onde está sua lucidez? Ela olhou para ele e simplesmente disse-lhe:

– Meu filho, de lúcido e estúpido todo mundo tem um pouco. Estou cansada dessa rotina. Uma dose de maluquice faz bem!

Júlio César sabia que essa loucura era contagiante, por isso se afastou atordoado. No topo do monumento, o suicida estava ansioso para saber o que estava ocorrendo lá embaixo. Disfarçando seus atos, levava os ouvidos na direção do vento para escutar o cochicho deles. Só sabia que coisa boa não era.

Ao verem os guardas se afastar, os dois amotinados levantaram as mãos e agradeceram a dona Jurema com estardalhaço:

– Obrigado, vovozinha lindona, belona, maravilhosona!

Dona Jurema era bem idosa, mas não gostou do termo. Pegou no colarinho dos dois e falou sem titubear:

– Vovozinha, não, seus cafajestes; mamãe.

E piscou os olhos várias vezes, mostrando que não era tão velha assim. Pra que ela fez isso. Os dois foram meninos carentes e abandonados. Prefeito nunca teve alguém para chamar de mãe. E Bartolomeu desde os sete anos também não. Embora o clima fosse de "Deus nos acuda", um tumulto geral, o fato de serem adotados em praça pública pela professora Jurema excitou-lhes o afeto de filhos. Bradaram:

– Mamãe! Eu te amo. – E ambos a pegaram um de cada lado e tascaram-lhe múltiplos beijos na testa, no rosto, nos olhos. A velhota tentava escapar desesperadamente dos beijos deles.

– Você nos salvou, mamãe. Vou cuidar de você com o maior carinho – confessou Boquinha.

Ao pensar nos bens dela, Prefeito foi às nuvens. Beijou-a mais intensamente. Ela escorregava para cá, escorregava para lá. De repente, Prefeito errou o alvo sem querer e deu uma bitoca na boca da idosa professora. E saiu cuspindo fogo. Ela também.

E o sem-vergonha, para disfarçar seu comportamento, olhou para o suicida. E lhe disse:

– Segura as pontas aí, irmãozinho, que engoli uma mosca.

E continuava cuspindo. Querendo se livrar deles de qualquer maneira, dona Jurema aceitou ser chamada de vovó.

– Tá bom! Tá bom! Sou a vovó, seus miseráveis sedutores.

O clima era tão satírico e bizarro que o suicida deixou de ser ator principal para ser um mero ator coadjuvante da trupe. Ficou furiosíssimo. Nesse momento, mais uma vez o espírito de político baixou sobre Barnabé. Voltando-se para a multidão, tentou explicar o inexplicável:

— Caríssimo, respeitadíssimo e nobilíssimo povo. Somos descendentes de nobres. Esta ditosa mulher — e apontou para a professora Jurema — é a responsável por esta casta de mafiosos. Não se angustiem. Estamos resolvendo um caso de família. O sujeito lá em cima é nosso irmão caçula.

O suicida estava incrédulo e estarrecido. Aquilo tudo parecia um pesadelo. Ser chamado de bundão e espezinhado, vá lá, mas ser adotado por uma família de birutas era inconcebível, assombroso. Perdeu a vontade de morrer, só tinha vontade de extravasar sua ira, dar porradas, acabar com a festa.

E elegeu seus alvos. Mas olhou para a sua história, fitou a plateia e pensou que já tinha ido longe demais. Não podia desistir. Resolveu esperar os fatos se desenrolarem.

De repente, para piorar as coisas, a professora Jurema pediu para subir no ombro dos dois insubordinados. Eles, pelo passado de alcoolismo, não tinham lá muito equilíbrio. Mas se agacharam e colocaram-na nos ombros. Ela mexeu para cá, mexeu para lá e quase caiu algumas vezes, mas, como fora bailarina clássica na juventude, equilibrou-se.

Agora havia dois guerreiros em cena. O suicida estava em pé nos ombros do cavaleiro de ferro, e a idosa professora Jurema estava em pé nos ombros de dois cavalos selvagens, Boquinha e Prefeito.

Todos esperavam que a professora dessa vez fosse delicada com o jovem, mas, para surpresa geral, subitamente ela olhou para ele e lhe deu um golpe fatal.

— Desce daí, seu fujão. Vem cá, seu palerma, que a vovó vai lhe dar umas palmadas nesse traseiro fofinho.

Júlio César quase desmaiou. Pensou consigo: "O quê? A professora Jurema, doutora em psicopedagogia, notável escritora, teve a coragem de confrontar o suicida no nível do Boquinha e do Prefeito?".

O jovem, ao ouvir a velhota desafiando-o, teve vertigem, o mundo começou a girar ao seu redor. Ficou tão zonzo que caiu na garupa do cavalo de pernas abertas. Sentiu uma dor horrível nos testículos, gemia.

Todos perceberam que ele queria afagar as bolas reprodutivas como um jogador de golfe no grande *game*, mas teve vergonha da plateia. Tentou segurar a voz, mas não conseguiu. Soltou um grito de guerra:

– Aaaaaaiiiiiii!

O suicida não sabia se chorava, se gritava, se arrancava os cabelos ou se matava. Para piorar as coisas, Prefeito e Bartolomeu colocaram combustível na fogueira.

– Bolacha no meu irmãozinho, vovó.

Em seguida, a professora Jurema caiu nos braços deles.

O sujeito não descia de nenhuma maneira. Ficaria lá até o anoitecer. Sairia de fininho sem ninguém vê-lo. Foi então que Boquinha deu o golpe final no sujeito.

– Desça daí, meu irmãozinho, senão vou subir e pegá-lo no braço. – E, olhando para dona Jurema, fez um teatro: – Me segure, vovó, senão vou subir nesse monumento!

– Não, não faça isso, meu neto – a professora suplicou.

– Eu não aguento mais! Ninguém me segura aqui embaixo. – E ameaçava subir. Edson ponderou:

– Não! É perigoso! Você vai cair e morrer.

A multidão ficou apreensiva. A medida era radical, duas mortes poderiam ocorrer.

– Não, eu decidi! – E olhou para Prefeito e lhe disse: – Segura-me que estou subindo – reafirmou.

Vendo Boquinha se exibindo socialmente, Prefeito ficou com ciúme de sua falsa valentia. Disse-lhe:

– Excelente ideia.

– Eu vou pegar esse cara no braço, me segura, Prefeito! – falou Boquinha inseguro.

– Vá, *hombre de Dios*! Suba! – Prefeito o empurrou.

Boquinha engoliu em seco, olhou para Jurema e disse:

— Já que a vovó insiste, eu digo que fico! Eu ficooooo! – bradou. E, após dizer que ficava, caminhou até seu amigo e falou baixinho:

— Você me paga, miserável!

Enquanto um discutia com o outro, o suicida sentiu-se tão desafiado, aviltado, que começou a descer como um raio, e não para suicidar-se, mas para acertar suas contas. Eram grandes. Ele estava ofegante, em estado de choque. Dona Jurema, assustada, correu e se escondeu atrás de Júlio César e de Mônica.

Distraídos, Boquinha e Prefeito não perceberam que o suicida já estava no chão e se aproximava dos dois. A multidão o aplaudiu quando chegou ao solo. Mas os dois baderneiros pensaram que os aplausos eram por causa do heroísmo deles. Voltando-se de costas para o monumento e de frente para a plateia, baixaram a cabeça em sinal de agradecimento.

Os aplausos excitaram o espírito de homem público de Prefeito. Levantando a mão direita para os céus e vibrando a voz como o mais atrapalhado dos políticos, fez um breve discurso:

— Gratos pela distintíssima homenagem, oh!, povo generoso. Vocês fazem meus neurônios vibrar. Prometo-lhes que baixarei um decreto destruindo todos os monumentos da cidade para que nenhum bananão tente mais se matar.

Prefeito não sabia que o suicida já estava ao seu lado, parecendo uma bomba atômica prestes a explodir. A professora Jurema, Júlio César e a multidão fecharam os olhos para não ver a explosão. Boquinha, irreverente, ainda acionou o detonador.

— Bananão, não! Bundão. – E pôs as mãos nos ombros do sujeito ao seu lado sem saber que era o homem que queria morrer.

Trêmulo, o ex-suicida perguntou:

— Quem são vocês?

Tentando imitar o mestre, o pensador de rua tentou filosofar no ambiente mais impróprio:

— Eu? Quem sou? Não sei. Ando à procura de mim mesmo e ainda não me achei.

— Então, você vai se achar agora.

Mas, antes de a bomba explodir, Prefeito olhou para o alto e não viu mais o jovem. Pensando que ele houvesse se atirado do outro lado, expressou, condoído:

– Boquinha! Nosso irmãozinho partiu para o reino dos céus.

Mal sabiam que eram eles que estavam de partida e sem bilhete de volta.

CAPÍTULO 19
A grande surpresa

O jovem que tentara se matar era um brutamontes. Loiro, corpulento, musculoso, tórax e braços avantajados pelo excesso de ginástica. Era lutador de boxe profissional da categoria peso pesado. Tinha 1,85 metro de altura e pesava 95 quilos. Sem mais perguntas, protestou contra a irreverência dos provocadores. Pegou os dois pelo colarinho e lhes disse:

— Preparem-se, irmãos, porque irão para o outro mundo. — E, antes que a multidão tentasse abrandar os ânimos dessa irreverente família, o peso pesado encheu os dois de socos e bofetadas.

A confusão foi geral. Ninguém entendeu nada. Os de fora pensaram que era um acerto de contas entre irmãos. Depois de alguns sopapos violentos, conseguiram segurar o agressor e evitar o massacre. Até os guardas entraram na confusão. Uma vez apartados, Boquinha, sangrando e confuso, perguntou meio abobalhado ao amigo:

— Prefeito, estamos no céu?

— Desconfio que no inferno! — respondeu, sem saber direito onde estavam.

Em seguida, levantaram a cabeça e perceberam que quem os espancara era o brutamontes que estava em cima do Monumento à Independência. Nesse momento, tiveram um gesto surpreendente.

Caíram de joelhos ao chão. Davam a impressão de que agradeciam a Deus por eles e o suicida estarem vivos.

A professora Jurema confabulava com Mônica: "Eles armaram tudo".

Nessa hora, Júlio César os ouviu dizendo o número "décimo primeiro" e, tentando ultrapassar a parede dos preconceitos, começou a rememorar o comportamento deles e a interpretá-lo por outros ângulos. Entendeu, chocado, que orientações vazias e informações secas não resgatariam o suicida. Ele decidira tirar sua vida. Mas, de um modo único, Boquinha e Prefeito desafiaram o jovem e provocaram sua ira para que ele a projetasse neles e saísse, assim, da esfera da autodestruição.

Não usaram palavras filosóficas como o mestre tinha usado para resgatá-lo do topo do Edifício San Pablo, mas usaram a mesma paixão, o mesmo ataque-surpresa, a mesma habilidade para desarmar a mente e destruir sofismas.

Ao descobrir isso, Júlio César colocou as mãos sobre a cabeça. Estava atônito. Mais tarde, Boquinha e Prefeito contaram que não haviam mandado dez para o túmulo, mas salvado dez suicidas de se atirar da ponte Presidente Kennedy, perto de onde Bartolomeu foi para o primeiro orfanato, Liceu do Paraíso, e conheceu Doroty, a sua segunda mãe.

Apesar de comportamentos amalucados, tinham uma genialidade surpreendente, eram prudentes com a vida alheia. Somente quando policiais, bombeiros, psiquiatras, psicólogos e até líderes espirituais falhavam, entravam em ação.

Tinham de fato "E". Sabiam que jargões psicológicos tinham efeito pequeno para instigar a emoção de quem condenara a si mesmo à sentença de morte sem direito de defesa. O jovem que descera do monumento ainda estava embriagado pela raiva. Queria se soltar para continuar espancando-os. De súbito, Júlio César o advertiu com autoridade:

– Pare! Por que você espancou quem investiu tudo o que tinha em você, que pouco tinha? Por que esbofeteou quem se doou muitíssimo por você sem o conhecer?

A voz de Júlio César estava tão estridente que o jovem paralisou. A multidão também se aquietou. Nesse momento, o Vendedor de Sonhos, que acompanhava tudo de perto, entrou em cena e completou sua conclusão:

– Você estava se autopunindo, mas eles o levaram a vomitar sua autopunição sobre eles. Não percebe que o tempo todo estavam clamando para que você desse uma nova chance para si mesmo? Não entende que eles lhe venderam uma vírgula para que você continuasse a escrever a sua história?

O jovem, que havia descido como um raio do monumento, saiu do inferno da ira para o céu da perplexidade. Seu nome era Felipe, apelidado de Demolidor pela pegada que tinha nos ringues. Sempre tratara com violência seus adversários, até que foi nocauteado pelos eventos da vida.

O boxeador caiu em si e concluiu que os dois provocadores haviam lhe servido de *sparrings,* tornando-se seus sacos de pancadas, só que não usaram nenhuma proteção.

Tomado por uma aura de sensibilidade, fitou Boquinha e o viu com uma aréola roxa no olho esquerdo e com o supercílio direito sangrando muito. O sangue penetrava-lhe os olhos e embaçava-lhe a visão. Prefeito, por sua vez, estava com os lábios inchados e sangrando no canto direito da boca. Também sangrava na gengiva.

O ex-suicida desabou. Começou a chorar copiosamente, sem medo da plateia, sem medo da crítica, sem medo dos próprios sentimentos. O público que presenciava a cena ficou em silêncio absoluto. Cada gota de lágrima era representativa, refletia as dores inquietantes.

Num gesto de rara afetividade, caminhou até Boquinha e Prefeito e os abraçou prolongadamente. Eles desmoronavam diante de um afeto. Felipe sentia que nada nem ninguém o faria desistir de morrer, mas encontrara dois malucos que haviam torpedeado suas convicções.

Os três ficaram com os olhos lacrimejados. Lágrimas e sangue se misturaram como tintas para escrever uma nova história. Foi a primeira vez que Júlio César e muitos da plateia viram homens desconhecidos se beijarem desse modo. Um fenômeno não previsto nos manuais das ciências humanas.

Boquinha e Prefeito, assim como o mestre, tinham a convicção de que todo suicida tem fome e sede de viver, não quer morrer; quer, sim, estancar sua dor, dilacerar sua crise depressiva, silenciar seu desespero. Aprenderam essa lição não nos livros, mas nos vales amargos da miséria emocional que atravessaram.

Quando usavam essa estratégia para resgatar os suicidas da ponte Presidente Kennedy, levavam bofetadas, socos, pontapés, verdadeiras surras. O preço era alto para despertar o instinto de vida desse modo. Duas vezes tiveram que ser internados num hospital. Três vezes sofreram fraturas de costelas e membros superiores. Duas vezes quebraram o nariz. Eram heróis anônimos. Felipe, profundamente condoído, disse-lhes:

– Perdoem-me. Prefeito respondeu:

– Está perdoado, mas você entortou minha boca, cara. Ficarei sem mastigar por uma hora.

Em seguida, o Demolidor procurou a professora Jurema, abraçou-a e a beijou do mesmo modo.

– Obrigado pelas palmadas, vovó – disse para Jurema. A professora também o abraçou afetivamente.

Em seguida, ele esclareceu para seus novos amigos.

– Sou boxeador profissional. Fui punido por seis meses porque usei um medicamento considerado *doping*. Fui massacrado pela imprensa. Meu pai, meu grande amigo, desgostoso, morreu de infarto fulminante dois meses depois da minha punição. Há uma semana eu estava para me casar, mas perdi quase todo o meu dinheiro em ações na Bolsa de Valores. Perdi meu dinheiro e minha noiva.

Quando Boquinha ia brincar com o sujeito dizendo que realmente ele estava enrolado, o mestre entrou em cena novamente e lhe disse simplesmente:

– Meu filho, eu também passei por crises, puni-me e me achei o pior dos homens. Foi então que entendi que as frustrações são privilégio dos vivos, e transcendê-las é privilégio dos sábios. – Felipe ficou reflexivo.

Em seguida, as pessoas começaram a aplaudir o jovem e os que o resgataram. O cérebro de Prefeito entrou em transe.

– Muito obrigado, esplêndido e abissal público. Votem em mim nesta eleição. Jamais os decepcionarei.

Um curioso, sabendo que não havia eleição naquele ano, indagou:

– Candidato a quê você é? Boquinha respondeu por ele:

– Ao cargo de maior maluco deste grande manicômio. – E girou as mãos, mostrando a cidade.

Todos se espatifaram de rir. Felipe também não se aguentou. Entendeu o recado. Começara a aprender a dar risada da própria "loucura". Era mais um maluco nessa grande família. Animado, afirmou:

– Meu voto é seu.

Foi a primeira vez que um ser humano numa hora estava querendo morrer, noutra teve ânimo para "votar".

As pessoas também declararam seu voto. Prefeito ficou excitadíssimo com sua popularidade. E Boquinha, não querendo ficar para trás, disse com entusiasmo:

– Serei seu secretário das Finanças, *my brother*. Prefeito do hospício retrucou:

– *Qué pasa, hombre?!* Finanças, não, Boca! Você já bateu minha carteira várias vezes.

– Que é isso, Prefeito? Sou um homem de notável confiabilidade – disse Boquinha.

Mas, olhando para o mestre, sua consciência o acusou.

– Mestre, antes de conhecê-lo, desconfiava que não era um santo. Hoje... hoje tenho certeza de que não sou.

– Eu também! – declarou o político.

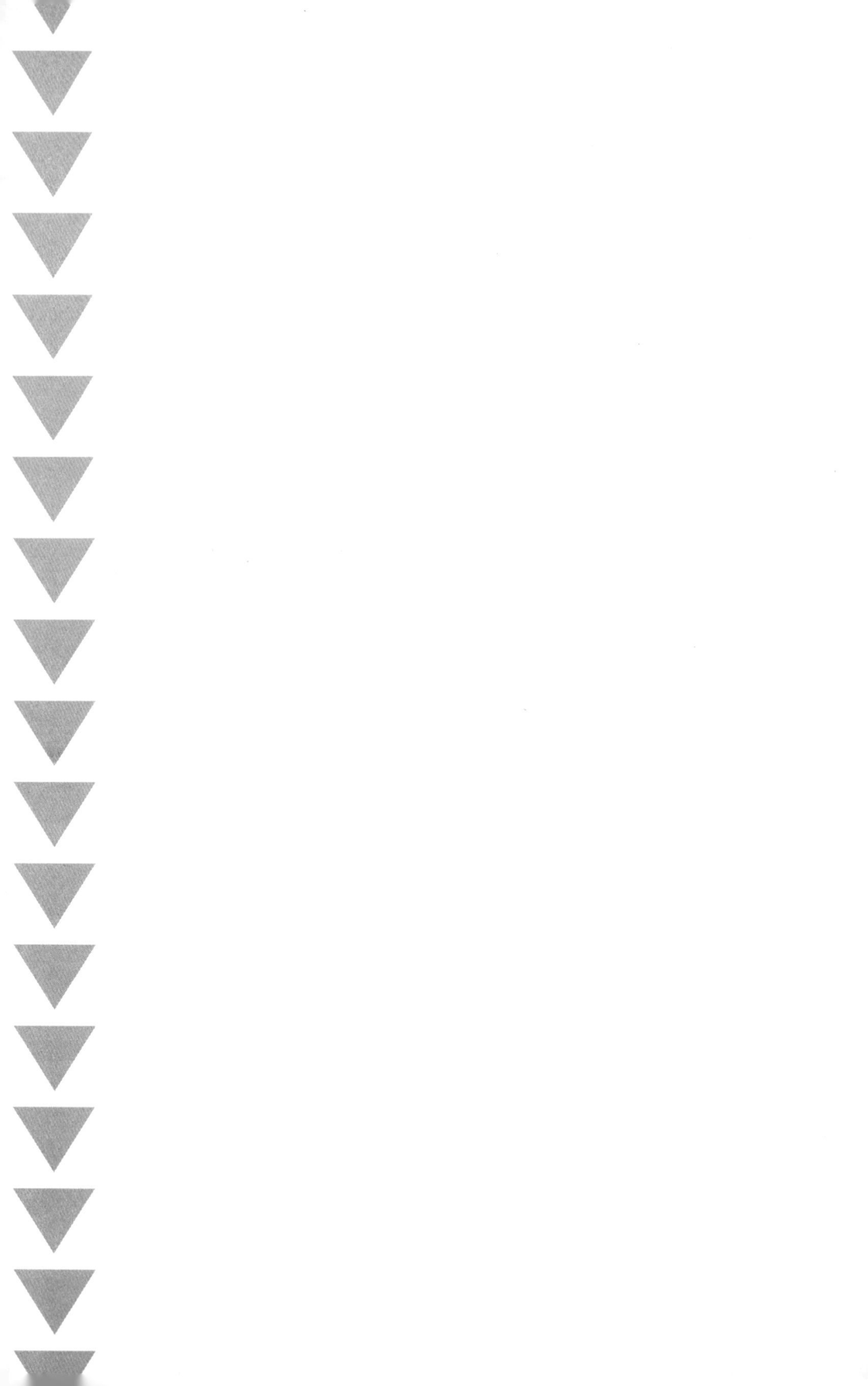

CAPÍTULO 20
A alegria cessou

Era difícil reunir pessoas tão diferentes e ao mesmo tempo tão vibrantes, divertidas e apaixonadas umas pelas outras. Rotina não fazia parte da agenda dos discípulos do Vendedor de Sonhos. Bartolomeu e Barnabé ganharam uma nova família ou talvez a única que verdadeiramente tiveram. Sabiam que bons amigos valiam mais do que grandes tesouros.

Andavam radiantes. Parecia que a alegria seria interminável. Mas não há festa que dure para sempre. O frescor do outono subitamente cessou, as folhas desprenderam-se rapidamente das árvores e um vento gelado apareceu anunciando um rigoroso inverno no terreno emocional.

Certa vez, caminhavam pela avenida das Américas cantarolando e relaxados. Num dado instante, a professora Jurema levou as duas mãos sobre o lado esquerdo do tórax e deu um grito. Assustados, todos pararam a marcha. Velozmente, Boquinha segurou sua amiga pelas costas e Prefeito começou a abaná-la com seu velho e desbotado lenço vermelho. O mestre ajudou a sentá-la sobre um banco. Ela estava consciente, mas seu coração palpitava, seus pulmões pouco ventilavam, sua pele suava muito, seu peito do lado esquerdo doía intensamente e a dor caminhava até o braço esquerdo.

Perceberam que o caso era grave e que deveriam levá-la urgentemente para um hospital. Os amigos caíram do céu para a terra. A segurança deles evaporou-se como neblina sob os primeiros raios solares. O antigo e famoso medo da perda os dominou. Lágrimas irrigavam suas faces. A rainha da alegria deste estranho grupo silenciaria sua voz para sempre. Corpo idoso, cérebro jovem, jamais se viu uma mulher na sua idade tão livre, solta, sociável, provocante, transparente. Soube envelhecer, rejuvenescia seu espírito enquanto sua pele envelhecia sua textura. Mas seu coração lhe pregou a maior de todas as peças. Estava sofrendo um infarto.

A ambulância chegou rapidamente. Colocaram-na numa maca. O mestre, Boquinha e Prefeito não a deixaram só. Foram juntos na ambulância. Os demais seguiram de táxi. Ao ver a chama da sua existência se apagando, os dois destemidos companheiros choravam como crianças que perdiam sua mãe.

— Jureminha, aguente firme. Nós te amamos — disse Boquinha, tentando enxugar suas lágrimas. Lembrou-se do seu cão Terrorista, quando pedia para que ele não morresse. Era estranho lembrar da perda de um cão quando se perde um ser humano, mas só se recorda em momentos de perdas o que se teve de caro.

— Seja forte, seja forte — comentou Prefeito, soluçando. Estava agoniado e quase sem voz. Prefeito era mais carente do que Bartolomeu, não tinha a figura de mãe cravada em seu inconsciente. Boquinha pelo menos tivera sua mãe até os sete anos, e Doroty por quase um ano.

Os sintomas de Jurema eram intensos e prevaleciam sobre as palavras a ela transmitidas. Não as ouvia. Alguns procedimentos foram tomados na ambulância durante o trajeto, que durou cinco minutos. O hospital tinha uma bonita arquitetura vitoriana, com janelas torneadas e vidros multicoloridos desenhados. Mas estava malconservado. Paredes verdes-folha, com piso de granito arabesco sem brilho. Pregos nas paredes indicavam quadros que nunca foram repostos. A imagem do hospital era um retrato da emoção dos que transitavam pelos corredores, triste. Enquanto conduziam às pressas a professora Jurema para a UTI, unidade de terapia intensiva, Boquinha segurava uma de suas mãos. Seu rosto estava contraído, e seu olhar, puntiforme, fixo no semblante de sua mãe substituta. Prefeito, do outro lado da maca, segurava a outra mão em pânico. O mestre, igualmente abatido, seguia o cortejo.

Ficaram de fora da UTI. Lá dentro, o aparelho que detectava o ritmo do coração denunciava que o infarto fora importante. Pelo entupimento de um ramo de uma artéria coronária direita, áreas nobres do músculo cardíaco deixaram de receber nutriente, portanto sofriam. A dor intensa no tórax representava o grito de milhões de células cardíacas clamando: "Eu preciso de alimentos e oxigênio!".

Jurema estava consciente. Recusou terminantemente remédios que a fizessem dormir. Não estava agitada, como muitos pacientes nessa situação. Era uma mulher serena. Pressentia que estava no fim e não queria viver seus últimos momentos sem seus queridos amigos, que lhe devolveram o ânimo e os sonhos. Queria ficar em especial ao lado do Vendedor de Sonhos e dos dois lunáticos do grupo. Pedia insistentemente para o médico e as enfermeiras que estivessem junto dela nesses momentos finais. Percebendo a gravidade da situação e precisando da sua colaboração para fazer os tratamentos necessários, foi dada uma licença especial para alguns membros do grupo entrarem por breves momentos.

O mestre tentou encorajá-la.

– Você é encantadora e fundamental para o grupo. Lute pela vida. Ela fez sinal com as mãos e com a face de que chegara seu fim. O bipe do aparelho começou a mostrar que o coração estava mais lento.

– Jurema, você vai melhorar... – disse Mônica, com a voz embargada, tentando conter inutilmente as lágrimas.

Mas ela começou a perder a voz. O aparelho mostrava que seu coração não apenas estava muito lento, mas batia descompassado, arrítmico. Um médico intensivista (especialista em UTI) acompanhava de perto as reações do grupo. Ficou comovido ao ver o quanto eles a amavam. Eram tão diferentes uns dos outros, mas, ao mesmo tempo, tão próximos.

O médico, ao olhar para o aparelho que controlava as batidas do coração, ficou preocupado. Percebeu que Jurema estava para ter uma parada cardíaca a qualquer momento. Chamou a enfermeira e preparava-se, se necessário, para tomar medidas emergenciais, como massagem cardíaca, eletrochoque ou injeção de adrenalina. O aparelho acusava:

– Bip, bip... bip...... bip......... bip.

A heroína estava se despedindo do teatro da vida. Encenava seus últimos atos...

CAPÍTULO 21
Assombrando Jurema à beira da morte

Quando a idosa guerreira estava para deixar o campo de batalha e despedir-se da existência, apareceu um tanque de guerra e a atropelou. Enfim, apareceu a incontrolável língua de Boquinha em cena e quebrou o clima fúnebre do ambiente. Vendo Jurema se entregar e prevendo que ia ter uma parada cardíaca, se aproximou da sua face e deu-lhe uma baforada que misturava alho azedo com cebola. A baforada era suficiente para fazer qualquer um desmaiar. E soltou esta:

— Querida Jureminha, estou aqui para qualquer sacrifício. Se o seu coração parar, farei com o maior prazer uma respiração boca a boca. — E mostrou sua arcada dentária.

Jurema levou um susto imediato. Tremulou os lábios, franziu a testa e procurou de qualquer maneira abrir seus pulmões. Fez um sinal com as mãos querendo dizer: "Deus! Livrai-me desse pesadelo!". Seu coração começou a dar sacolejadas como uma gazela querendo fugir do predador. Pensou consigo: "Morrer vá lá, mas morrer sendo beijada pela bocarra fétida do Boquinha é a última coisa que desejaria".

Segundos depois, entra outro tanque de guerra em seu campo de batalha e vai mais longe, joga estrume no ventilador. Prefeito se aproxima da coitada, abre sua boca que cheirava a ovo podre e faz a mais indiscreta pergunta a uma pessoa no final da vida.

— Minha muito amada Jureminha, sei que você está com um pé na cova, mas mate a última curiosidade do Boquinha.

Ninguém de pé ouviu direito o que Prefeito disse, à exceção dela e de Boquinha, pois falara baixo. Prefeito colocou a responsabilidade no amigo, mas a curiosidade era sua. Boquinha torceu o nariz, prevendo que viria uma bomba. E veio.

Jurema, ao ouvir de Prefeito que estava com o pé na cova, começou a tossir, mexer as mãos sem parar. Queria dar-lhe uma bofetada na cara. Com sacrifício, movimentou o braço direito tentando pegar sua bengala ao lado da cama. Não podia morrer sem fazer um galo na cabeça do petulante. Como a bengala não estava lá, resolveu colocar a cabeça no lugar por alguns momentos. E, em nome da amizade que construíram, resolveu ouvir a curiosidade de Boquinha dita pela boca de Prefeito. Foi um erro fatal.

— Fale... garganta do diabo — expressou ela com dificuldade.

Todos ficaram animados com sua reação. Prefeito preparou a bomba e a jogou no colo de seu amigo.

— O Boquinha pediu para te perguntar... — E fez uma pausa misteriosa. Ela pensou: "Talvez queiram perguntar quem vai cuidar do meu cachorro, pássaro, plantas, ou perguntar se eu gosto de poesia ou flores nesse momento difícil...". Mas, contrariando suas expectativas, Prefeito disse, dessa vez em tom audível:

— Ele quer saber para quem você vai deixar sua grana.

Boquinha olhou para Prefeito e queria engoli-lo vivo. Tudo foi tão rápido que nem o mestre, Mônica e o próprio médico que estava próximo conseguiram impedir que a bomba detonasse.

Subitamente, Jurema pegou a gola da camisa dos dois e aproximou a face deles da sua. Com bravura quase inimaginável para quem estava morrendo, falou:

– Vocês estão interessados em minha grana ou em mim? Os dois levaram um susto com a força dela.

– Cem por cento em você, Jureminha. Somos homens desprendidos de dinheiro, completamente sem ambição. – Boquinha sentia-se orgulhosíssimo da sua humildade.

– Que se passa, mulher? – indagou Prefeito e acrescentou:

– Cem mil por cento em você – disse, fazendo figa. – Só sua saúde nos interessa.

Então, a professora os pegou na curva.

– Como vocês são maravilhosos, afetivos, generosos...

Eles interromperam a fala dela e enxugaram suas lágrimas de crocodilo. Disseram ao mesmo tempo:

– Jureminha, pare, não merecemos seus elogios... – Entreolharam-se, pensando que montariam na grana da idosa vendedora de sonhos. Mas teriam uma grande frustração.

– Não vou lhes deixar um tostão. – Eles levaram um choque. E ela, mostrando um vigor incomum, ainda falou: – Vão dar golpe em outro lugar, seus cafajestes de meia-tigela.

Eis que nesse momento algo inesperado ocorreu. O descaramento e a malandrice dos dois funcionaram como uma dose de adrenalina diretamente no músculo cardíaco de Jurema. Ela reagiu, despertou, ficou ativa. Aliás, o médico ficou meio atordoado por instantes, não sabia se estava assistindo a um filme ou se tudo aquilo era real. Quando se deu conta da balbúrdia, procurou colocá-los o mais rápido para fora.

Nesse momento, observou algo que já o deixara surpreso. O aparelho que media o ritmo cardíaco começou a mostrar um coração com batidas um pouco mais vigorosas, com uma gana de viver e lutar. Júlio César saiu condenando-os. "Como podem ter a intenção de dar um golpe em uma velhinha indefesa? Que tipo de caráter esses miseráveis têm?", ficou pensando.

Mônica, por sua vez, estava confusa. Ficou pensando se eles usaram mais uma estratégia para provocar Jurema a não desistir. O Vendedor de Sonhos saiu com um suave sorriso estampado no rosto.

Ao serem expulsos da UTI, ambos ainda tiveram o descaramento de jogar beijos para a idosa professora.

CAPÍTULO 22
O tiro saiu pela culatra

Boquinha estava indignado com Prefeito. Ele sempre atribuía a responsabilidade aos outros pelas doidices que aprontava. Boquinha também aprontava muitíssimo, mas frequentemente assumia suas artimanhas, embora, às vezes, derrapasse. Ao saírem da UTI, lentamente se aproximou de Prefeito e lhe disse com vigor:

– Tu me pagas, miserável.

O debochado Prefeito não se intimidou com a ameaça de Boquinha, ao contrário. Ironizando-o, tentou sair por cima usando seus dotes de líder de rua. Olhou para o teto e disse para si mesmo:

– Os eleitores nunca reconhecem os gestos dos grandes e honestos políticos. Pendem para os corruptos.

Em seguida, olhou para Boquinha e comentou seu gesto:

– Seu ingrato. Não reconheces que te salvei de chupar uma dentadura.

Prefeito era tão vigarista que se embrulhava nos próprios argumentos para transformar suas falcatruas em atos de santidade. Era sempre a vítima. Nunca se assumia, nem se desculpava.

Boquinha esbravejou. Mas o ambiente exigia discrição. Minutos depois, enquanto ainda estavam passando pelos velhos e imensos corredores do hospital, onde estavam internados pacientes com diversos tipos de doenças, Prefeito olhou para um quarto e viu um paciente comendo uma suculenta coxa de frango.

Como era um comedor compulsivo, entrou em crise, salivou, teve fome, muita fome. Colocou as mãos nos bolsos do seu paletó azul-marinho, manchado e amarrotado. E, infelizmente, não encontrou nada para comer, nem mesmo um chiclete para mastigar.

Desesperado, entrou no quarto em que o paciente estava comendo o frango para aplicar-lhe um golpe. Tentou distrair o paciente, mostrar o teto, as árvores pelas janelas, e, assim, pegar um pedaço de frango que o paciente ainda não comera. Este percebeu algo estranho e se apoderou do seu prato como cachorro magro. Prefeito, que normalmente tinha sucesso em seus golpes, dessa vez falhou.

Ao sair do quarto, se aproximou do grupo, que estava adiantado uns dez metros. Indagaram onde ele estava. Com o olhar mais inocente do mundo, disse-lhes:

– Cuidando de um pobre paciente.

Logo após falar da sua generosidade, começou a pôr as mãos no estômago e gritar de dor. Depois começou a estrebuchar ombros, pernas e mãos. Parecia que iria perder a consciência. Bradava.

– Que dor horrível! Estou passando mal. Vou morrer.

– Calma! Calma, Prefeito – disseram Júlio César, Edson, Salomão.

– Segurem-me. Segurem-me. Vou desmaiar – dizia, e foi desfalecendo.

Boquinha ficou desesperado. Não podia perder a professora Jurema e seu melhor amigo. Tentou segurá-lo por detrás para evitar que caísse. Prefeito soltou seu corpanzil em cima dele, que, por sua vez, não suportou seu peso, e ambos caíram. Boquinha sentiu-se debaixo de um caminhão carregado. Nesse momento, viu Edson, o religioso, dar risadas tentando rebocar sem êxito Prefeito. Num ataque de raiva, disse-lhe:

– Onde está sua moral com Deus? Faça esse miserável flutuar. Mas o pior estava para acontecer. Sem qualquer pudor, Prefeito poluiu o ambiente e fez de conta que tal poluição era inevitável.

Como suas nádegas estavam próximas da cara de Boquinha, soltou uma rajada de gases a vinte centímetros das suas narinas. Sob o impacto desse golpe fatal, Boquinha começou a perder a consciência. Dois enfermeiros chegaram rapidamente e num esforço dantesco retiraram Prefeito de cima dele. Confuso com o peso e com as rajadas dos gases do Prefeito, Boquinha expressou:

– Onde estou? Quem sou?

Os enfermeiros, que diziam ser experientes, pediram para todos se afastarem, somente eles colocariam Prefeito em cima da maca. Um pegou pelos ombros, e o outro, pelos pés. O esforço foi enorme, soltaram gemidos como escravos que levantavam as pedras para construir as grandes pirâmides para os faraós. Quando estavam quase conseguindo, derraparam, perderam as forças. O faraó caiu sobre eles. Prefeito os amassou. Sentindo-se derrotados, pediram ajuda para o grupo. Enquanto suspendiam Prefeito, este abriu rapidamente um dos olhos para tomar pé da confusão. Era tudo uma farsa.

Internaram Prefeito imediatamente. Como não tinha seguro-saúde, o internaram numa ala coletiva onde havia vários pacientes, cujos tratamentos de qualidade um pouco reduzida eram bancados pela liga das senhoras religiosas. Eram onze e meia da manhã. Os amigos não podiam ficar com ele. Consolaram-no e se despediram com afeto. No dia seguinte retornariam para visitar a professora Jurema e ele.

– Não me deixem só! – dizia com falsidade, e depois olhou para Boquinha e completou: – Fique tranquilo, amigo. Cuidarei da Jureminha.

Tudo o que queria era ficar sozinho para desfrutar da mordomia do hospital. Ninguém desconfiava de nada, a não ser, é claro, o próprio Boquinha. Os golpistas usam a mesma linguagem. Prefeito esperava ansiosamente pela comida, que nunca chegava. Via os demais pacientes receberem chás, bolachas, almôndegas, frango, arroz, purê de batata, mas para ele, nada. Começou a ter calafrios. "O que saiu errado?", pensou. Desesperado, sentiu que caíra na própria armadilha.

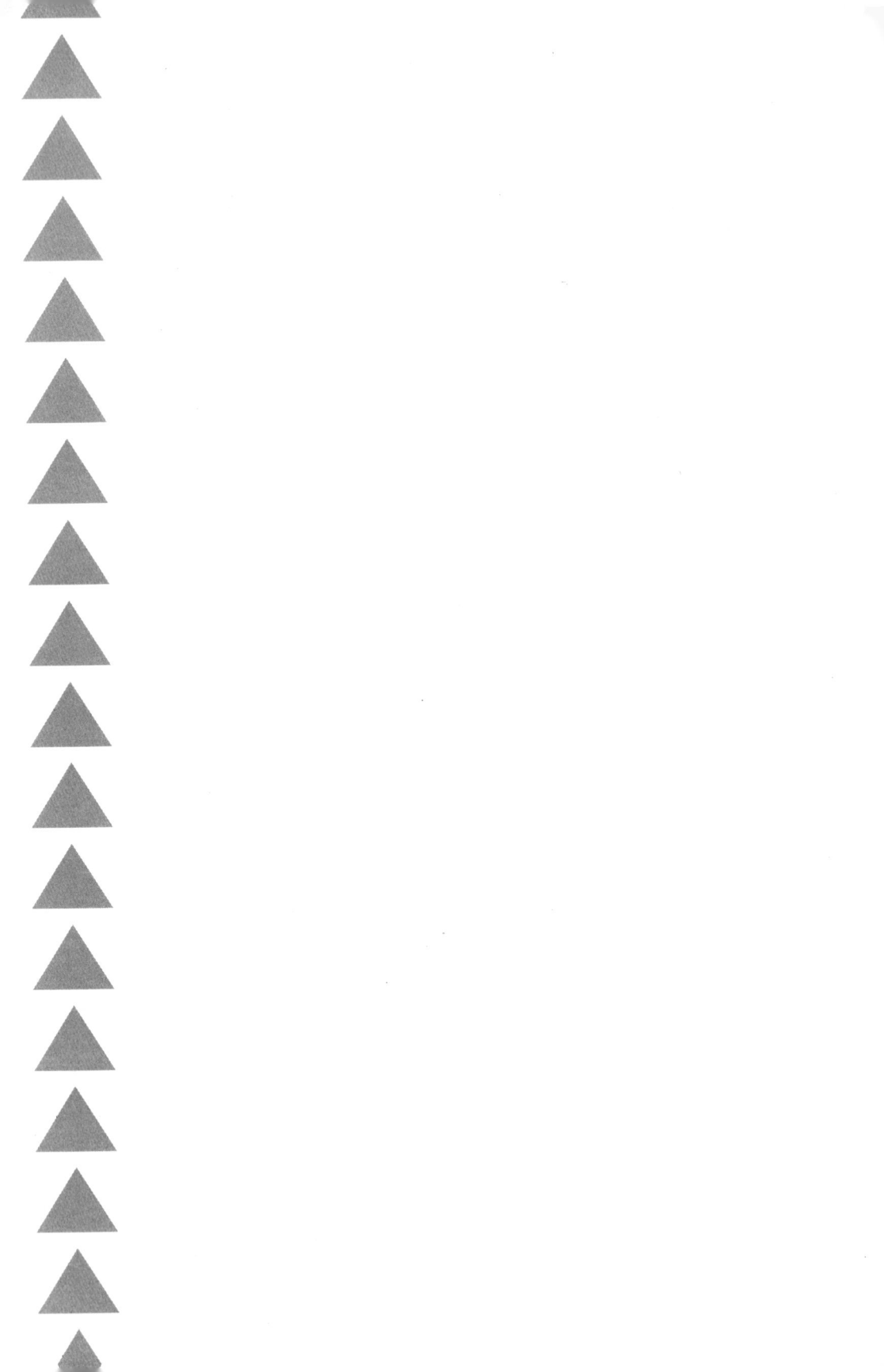

CAPÍTULO 23
Um golpe para corrigir outro golpe

Prefeito fez chantagens para os enfermeiros lhe darem comida. Fazia ar de que estava à beira da morte. Mas nada funcionava.

A certa altura, disse para uma franzina enfermeira de pele bem clara, cabelos lisos castanhos, beirando os sessenta anos.

— Digníssima enfermeira, eu protesto! Como pode um homem público ser privado de uma alimentação digna?

Ela deu de ombros. Ignorou seu clamor. Então tentou seduzi-la.

— Enfermeira, se me trouxer um filé com batatas, quando assumir em breve a prefeitura desta magna cidade, a nomearei minha secretária da Saúde.

A inteligente enfermeira não se deixou ludibriar. O poder não a seduzia. Voltando-se para ele, deu-lhe um golpe inesquecível:

— Por que os malucos sempre acham que são prefeitos, presidentes, reis? Por que nunca dizem que são pipoqueiros, faxineiros, porteiros?

Barnabé ficou atordoado, mas não derrotado. Bem-humorado, respondeu com a verdade.

— A resposta é simples, querida. Porque no dia em que os malucos assumirem o que são, serão curados.

A enfermeira o achou sincero, gostou da resposta. Barnabé fazia suas traquinagens, mas tinha uma boa alma.

Nesse momento, olhou para ela e ironizou a vida cantando uma música dos Beatles:

– *Yeah, yeah, yeah*!

O homem era impossível. Quase nada tirava seu humor, às vezes nem a fome. Como não se sabia seu diagnóstico, estava sob observação. Portanto, a restrição alimentar se fazia necessária. Por isso não lhe traziam alimentos. Foi então que o esperto confirmou que infelizmente o tiro saíra pela culatra. A noite fria já se iniciara, eram seis horas. Estava quase delirando de fome. Sentiu que precisava dar outro golpe para consertar o primeiro. Mas qual?

O companheiro de quarto ao seu lado recebia farta comida. E o provocava toda vez que mastigava alguma coisa.

– Oh, gordão, tá no sal, hein, meu – disse ele.

Quando provocado, os neurônios do Prefeito funcionavam melhor. De repente a luz acendeu. Teve uma ideia brilhante, pelo menos pensava que fosse: trocar a placa de identificação desse paciente com a sua. A ideia foi engendrada em sua mente e em dez minutos o espertalhão já a executara.

Trinta minutos depois, a comida chegou, afinal. O encarregado da cozinha colocou sobre sua mesa uma porção de purê, com duas almôndegas do tamanho de uma bola de golfe e um magro peito de frango levemente grelhado. Não era muito, para a portentosa fome do Prefeito, que costumava comer dois frangos inteiros numa única refeição, mas já era alguma coisa.

Prefeito comia feliz da vida. Começou a balançar a cabeça e zombar do paciente ao lado, que nada recebera. Depois de comer, sua fome não tinha sido resolvida. Havia seis pacientes em seu quarto. Como engoliu a comida antes dos companheiros, tirou rapidamente o baralho do bolso e começou a fazer mágicas e apostas com eles. Limpou todos. Ganhou cinco almôndegas, três bananas e uma maçã que ainda não tinham comido. No outro dia, no café da manhã, usou seu baralho e novamente ganhou bolachas, biscoitos, pães, copos de leite. Fez a festa. Uma hora depois, um médico foi examiná-lo no leito de sua cama. Como estava melhor, o médico ameaçou lhe dar alta. Ele, por sua vez, ameaçou com uma nova crise. Não queria deixar o osso.

Durante o exame, o médico achou alguma coisa estranha. Olhou para a plaqueta, fez-lhe algumas perguntas rapidamente. Perguntou-lhe também o nome. Com a voz pastosa, enrolou o nome do paciente ao lado para que ele não percebesse a tramoia. O médico foi embora preocupado; como tinha trinta pacientes para examinar, não dava tempo para se fixar em pormenores.

Os amigos chegaram. Ficaram felizes em saber que Jurema estava melhor e que Prefeito não sentia mais dores. Prefeito, aliás, mastigava os últimos biscoitos. Boquinha se aproximou dele. Queria um biscoito. Mas Prefeito lhe disse:

– Boquinha, sinto não te oferecer esses deliciosos biscoitos, porque é ordem médica que eu coma tudo.

De repente, demonstrou que estava com nova crise de dor.

– Ai! Ai! – reclamou.

Todos começaram a ficar preocupados. Mas ele se corrigiu. Gostava de dar sustos nos companheiros.

– Calma, gente! Só estou treinando vocês para primeiros socorros. – E teve o descaramento de pedir: – Alguém poderia coçar meu pé? Disseram que faz bem para o estômago.

Queriam torcer-lhe o pé, mas estavam com dó dele. Boquinha ficou imaginando como pegaria o esperto do Prefeito. O político de rua era um especialista em sair pela tangente. Era uma tarefa difícil pegá-lo com a mão na cumbuca, mas o filósofo das ruas sabia por experiência própria que o mal dos espertos é achar que todo mundo é estúpido. Sua autoconfiança era sua maior fragilidade.

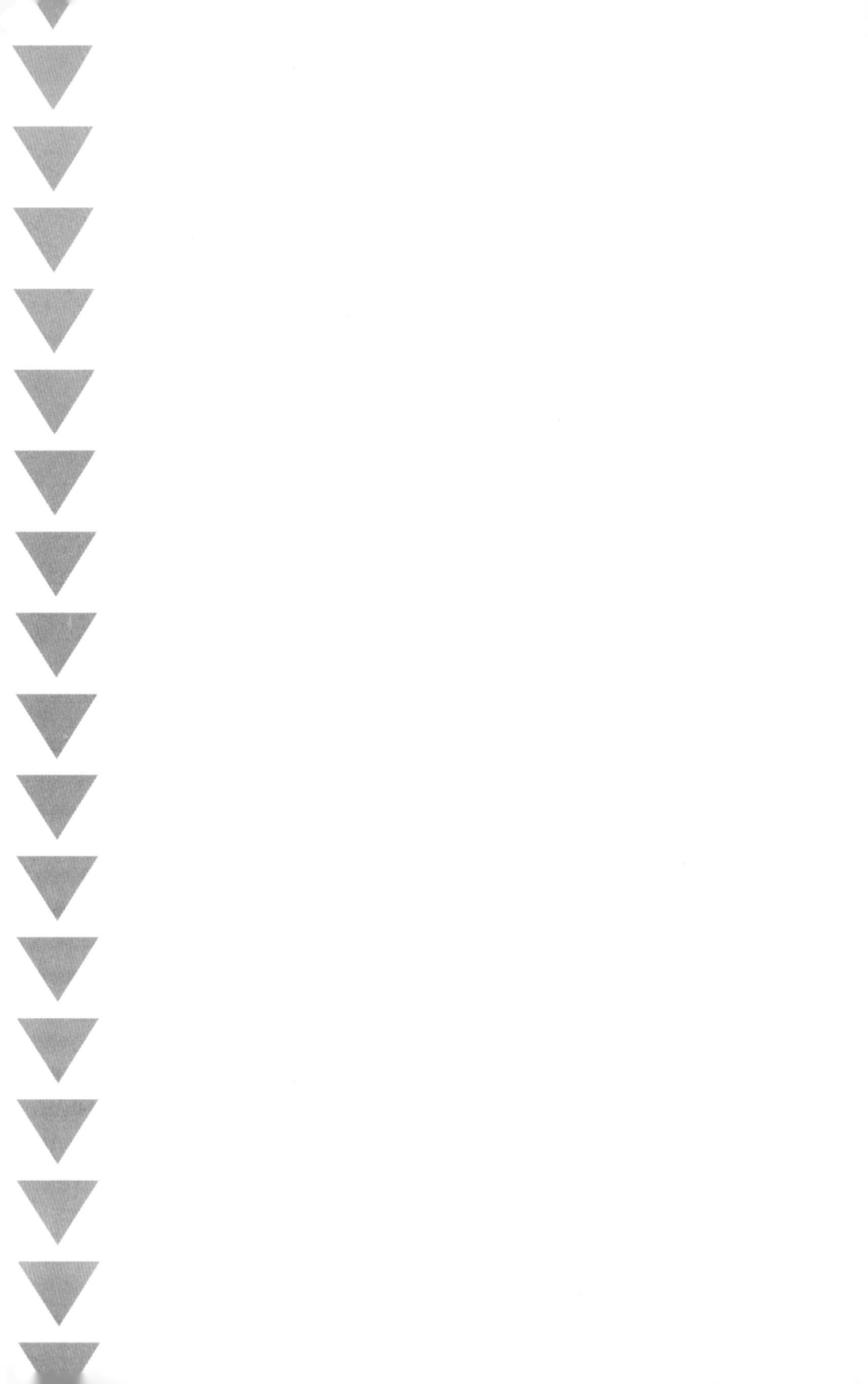

CAPÍTULO 24
Falando por metáforas

Uma hora depois, o médico novamente apareceu no quarto. A sensação de que algo estava errado com o nome e com os sintomas do paciente não lhe saíra da cabeça. Apareceu acompanhado de uma enfermeira. Percebendo que o golpe seria desvendado, Prefeito começou a ficar vermelho e sentiu que precisaria de uma nova estratégia, uma estratégia para desviar-lhes a atenção. Estavam no quarto Boquinha, Mônica, Júlio César. O Vendedor de Sonhos e os demais tinham ido obter informações sobre Jurema.

Quando o médico começou a fazer-lhe novas perguntas, Prefeito o interrompeu e começou a contar uma história para ludibriá-lo. Novamente envolveu Boquinha na história. Não se sabia se a história tinha um fundo de verdade. Só se sabia que da dupla poderia se esperar tudo.

— Caríssimo doutor, estava dizendo para meu nobre amigo "Boca Mole" que o senhor é uma estrela na medicina. Confirma isso, Boca?

— Sim, disse-me que tu és inteligente, ou melhor, inteligentíssimo — afirmou Boquinha. Os dois sempre embarcavam na história um do outro para depois ver o que acontecia.

O médico não entendeu nada, mas, como trabalhava no serviço público, não ganhava bem e frequentemente passava despercebido, ficou lisonjeado com os superelogios dos peritos em lábia. Resolveu dar asas para seu ego voar.

– Dileto doutor, permita-me contar-lhe uma história de um grave erro que um médico cometeu comigo. – E começou a discorrer com dramaticidade.

– Tempos atrás, eu almoçava como uma hiena e comia como um elefante. Meu delicado intestino não suportou os exageros que cometi. Tive um engarrafamento na avenida Paulista.

– Engarrafamento? Que significa isso? – indagou o médico.

Boquinha tentou ajudar sua compreensão.

– Tenho certeza de que o doutor sabe que as metáforas falam mais que as palavras. Prefeito e eu gostamos de falar por símbolos. Engarrafamento nessa gigantesca avenida significa entupimento enorme no intestino grosso.

– Sim, claro, eu entendo a linguagem – expressou constrangido o médico. Prefeito continuou.

– Fiquei uma semana entupido. Fazia um esforço dos diabos para liberar o trânsito, sentado no meu trono, mas não tive êxito. Fui a um especialista, mas o médico que me atendeu não era culto nem experiente como o senhor. Sem delicadeza, apalpou minha belíssima barriga, que mais parecia um ovo de Páscoa gigante. Depois de pensar no meu caso, deu-me um remédio e, sem qualquer outro diálogo, pediu-me para retornar em dois dias.

Boquinha entrou em cena e começou a explicar a angústia do Prefeito.

– Dois dias depois, meu amigo retornou ao médico. O mais forte dos políticos estava abatido, quase sem fala.

Prefeito, intrigado, perguntou:

– Como você sabe disso, Boquinha?

– Fui eu que te levei ao médico, lembra-se?

– Ah, é! – E continuou. – O médico não gostou do meu semblante. Perguntou-me:

– Evacuou, sr. Barnabé?

Assustei-me! Cocei minha cabeleira, esfreguei as mãos no rosto e lhe disse:

– Sinto lhe dizer, doutor, que evacuar não evacuei – o médico ficou pensativo e eu também. Mas vi que estava mais preocupado ainda. Falou pouco e foi direto ao assunto:

– Com esse remédio, até um bode velho evacua.

– Dois dias depois, retornei ao médico mais fraco, abatido, sem energia. O médico ficou perturbado e sem delongas me fez a mesma pergunta.

– Evacuou, sr. Barnabé?

– Cocei a cabeça, estava sem cor e sem energia para falar. E respondi com a voz frágil: "Não, doutor, evacuar não evacuei".

Nesse momento, Boquinha tentou explicar a calamidade do amigo. Apontou para ele e disse:

– O homem estava quase morto, cabisbaixo, desamparado.

Prefeito continuou contando que o médico retirara um medicamento de sua escrivaninha e lhe dera uma amostra grátis. E garantiu com a maior confiança do mundo.

– Com esse remédio, até um elefante evacua.

Dois dias depois, Prefeito retornou ao consultório, completamente desfalecido; precisava ser apoiado para não cair ao chão.

Preocupadíssimo, o médico perguntou-lhe:

– Evacuou, seu Barnabé?

– Não, doutor! Evacuar não evacuei!

O médico ficou intrigado. Esse remédio nunca falhara. O que estaria acontecendo? Resolveu, assim, perguntar onde o famigerado morava, pois queria saber se havia fatores estressantes no ambiente que estavam desencadeando sua doença.

– Poderia me mostrar onde assistes?

– Assiste ao quê, nobre doutor? Cinema, TV, rádio? – falou, trêmulo.

– Não! Refiro-me a onde o senhor mora.

– Ah! O senhor segue reto na rua do seu consultório. Ande cerca de dez quadras e depois dobre à esquerda e ande mais doze quadras e daí vire novamente à esquerda e caminhe até... – E fez uma pausa... Em seguida completou: – E quando o senhor encontrar uma montanha de merda, é lá que moro.

O médico que ouvira a história de Prefeito tapou a boca para não gargalhar.

Boquinha disse:

– O bendito doutor quase envia Prefeito para dormir no cemitério. Ele não sabia que quem não sabe explicar só faz complicar.

Boquinha e Prefeito já fugiram várias vezes da polícia. Sempre ouviam "evacuem a área".

E Prefeito completou:

– Evacuar, para mim, significava correr, cair na estrada, dar o fora. Mas para o médico significava liberar o trânsito intestinal, defecar, expelir merda, obrar. Este corpo belíssimo emagreceu trinta quilos de tanto evacuar sem saber.

Prefeito era um embusteiro, um tapeador de marca maior. Após contar sua história, volta-se para o médico que estava desconfiado de que ele houvesse trocado as plaquetas e lhe faz novos e solenes elogios:

– Doutor, sei que o senhor é um notável comunicador. Não pergunta bobagens nem repete perguntas desnecessárias para os pacientes.

Após a sessão de elogios, perguntou-lhe:

– O que o senhor veio fazer aqui, doutor? – disse, mordendo um suculento bife.

O médico ficou tão lisonjeado quanto perturbado.

– Nada de importante. Apenas quis visitá-lo.

E saiu sem fazer as perguntas que desejava. Prefeito ganhou o *round*. Sentiu-se mais uma vez um grande vitorioso. Mas não sabia que mais tarde poderia ser nocauteado.

Após o médico sair, Boquinha disse:

– Te ajudei a se livrar dessa. – Mas Prefeito, em vez de agradecer-lhe, provocou-o.

– Boquinha, aceite minha superioridade. Você sempre será meu coadjuvante.

Boquinha franziu a testa e o advertiu:

– A vida é cíclica. Cuidado!

CAPÍTULO 25
A forra de Boca de Mel

Prefeito estava voando em céu de brigadeiro. Estava convicto de que suas trapaças funcionariam sempre. Naquele dia, a partir das sete horas da noite, não vieram mais alimentos para ele. Protestou, ficou enraivecido, mas não adiantou. Achou que o estavam boicotando. Teve de ir à luta para comer. Foi jogar baralho em vários quartos. Trabalhou "duro" para conseguir sobras de comida.

No outro dia, no café da manhã, fez a mesma coisa. Lá pelas nove horas, Boquinha e o resto da turma retornaram ao hospital. O mestre não estava com eles. Enquanto se aproximavam do quarto, lá dentro haviam entrado três enfermeiros grandalhões vestidos de branco para colocar Prefeito numa maca. Feito isso, começaram a conduzi-lo.

Prefeito não tinha a mínima ideia de para onde iria, mas estava contente por estar passeando de graça. Fez pose de quem ia para a praia. Abanava as mãos para os demais doentes. Sentia-se um príncipe numa carruagem, um membro da corte inglesa. Momentos depois, encontrou os amigos no corredor. E tirou sarro deles:

– Ah, eu adoro essa vida!

Boquinha achou aquilo estranho. Aproximou-se de Prefeito e perguntou:

– Aonde você vai, Prefeito, com tanta alegria?
– Dar umas voltinhas, meu amigo. Tomar um pouco de sol.
Ricardão, o chefe dos enfermeiros, brincou:
– Vai abrir a barriguinha.
Prefeito engoliu em seco. Tentando se descontrair, disse:
– Mas a barriguinha está vazia.
– Por isso mesmo, bonitão – advertiu Ricardão.
– Que bom! Você vai cair na faca, Prefeito! – falou ironicamente Boquinha.

O político caiu da glória para o caos. Ficou assombrado, perplexo. Só agora entendeu que quem deveria ser operado era o paciente com quem ele trocara a identificação, por isso deveria ficar doze horas em jejum. Prefeito pelava de medo das pequenas agulhas e não podia ver sangue que ameaçava desmaiar. Desesperado, queria se levantar. Mas Ricardão e seus amigos o impediam.

Então pediu água para Boquinha. Era tudo com que este sonhara.
– Boquinha, tire-me daqui.
– Calma, fique tranquilo. Serão apenas uns vinte pontinhos – provocou Boca.

Ele tentou se levantar, mas os massudos enfermeiros colocaram os braços deles sobre sua barriga e pernas, imobilizando-o. Suando frio, ele gritou:
– Espere, gente! Espere! Quero fazer um último pedido ao meu amigo antes da operação. – Então pararam o cortejo. Pediu para Boquinha se aproximar bem perto do seu ouvido e lhe disse:
– Boca, meu melhor amigo, meu fiel companheiro de lutas, meu protetor nas horas difíceis. Não estou doente. Eu fingi. Troquei as plaquetas.

Boquinha, esperto que era, já sabia da malandragem. Mas, ao ouvir a confissão, teve a maior oportunidade de sua vida para desforrar todas as frias, geladas, encrencas e desaforos que Prefeito lhe fizera. Fingindo não entender o que Prefeito dizia, solicitou:
– Fale mais alto!
– Boca, seu cafajeste, não me traia. Pare essa maca!

– Não estou ouvindo. Você quer pedir desculpas para mim? – gritou Boquinha.

Tremendo de medo de ir parar na sala cirúrgica, confessou.

– Sim! Seu, seu... – E chamou Boquinha baixinho de: – safado, oportunista, chantagista. – Mas, não vendo saída, disse: – Perdoe-me!

– Fale mais alto, não estou ouvindo – disse Boquinha, animadíssimo.

– Perdoe-me! – gritou Prefeito.

– Perdoe do quê? Confesse os seus erros, *hombre de Dios*! expressou Boquinha, querendo abrir o cofre do político de rua.

Os enfermeiros começaram a sorrir. Achavam que o paciente estava se confessando antes de fazer a cirurgia. Pensaram que Boquinha fosse um sacerdote.

Prefeito não iria abrir os detalhes do seu cofre. Afinal de contas, não podia manchar sua imagem de homem público que julgava ser. Mas, de repente, libertou sua fértil imaginação e começou a "sentir" a agulha da anestesia penetrando em sua pele e o bisturi cortando seus músculos. Entrou em pânico. Começou a morder os dedos. Sem alternativas, começou, pela primeira vez, a admitir suas falhas.

– Menti dezenas de vezes para você. Peguei dinheiro do seu bolso uma vez quando você estava bêbado.

– Só uma, Prefeito? – contestou Boquinha, firmando os seus olhos nos olhos dele.

– Bom, umas dez vezes.

– Que mais? Desembucha, *hombre*!

– Tesourei você por detrás. Disse mais de cem vezes que você era um sem--vergonha, descarado, vigarista, trapaceador, golpista, malandro, um fraco.

– Solta a matraca! Que maaaaiiiissss? – falou Boquinha, irritado diante de tantas calúnias que recebera pelas costas.

– Coloquei três ratos no bolso da sua calça para ver você pular como um cabrito.

Boquinha começou a fungar, tossir, coçar o nariz, esfregar as mãos na cabeça. Lembrou-se dos pulos que dava.

– Foi você que fez esse ato terrorista contra mim! Seu... – disse sob ataque de nervos. – Já que começou, solta todo o veneno! Liberte seus demônios! – Temeroso, Prefeito confessou.

– Coloquei algumas moscas na sua sopa para você não comê-la e deixar para mim. Soltei gases na sua cara umas vinte vezes quando você estava dormindo, para você parar de roncar.

– E funcionava, seu marginal? – perguntou Boquinha, curioso.

E, protegendo os olhos, Prefeito apenas disse:

– Não viu o que aconteceu quando caí em cima de você? Não precisava dizer mais nada. Funcionava.

– Miserável! Você judiou, maltratou, atormentou este pobre homem! – disse Boquinha, com pena de si mesmo.

– Mas você também me colocou em apuros – retrucou Prefeito.

– Mas isso é outro capítulo – afirmou. – Vamos, que maaaaiiisss? – esbravejou.

Ricardão começou a urinar nas calças de tantas gargalhadas. Jamais rira tanto. E Prefeito continuou.

– Coloquei a culpa em você nas trapaças que fiz. Usei seu nome sem pedir a sua autorização... – E parou para fazer as contas:

– Umas cem vezes fiz isso. Usei você para pegar a grana da dona Jurema. – E, para terminar, o maroto disse: – Fiz apenas algumas *cositas más*.

Depois desse interminável relatório, começaram a sair lágrimas dos seus olhos. Sabia que dificilmente seria perdoado por um ser humano, nem pelo Boquinha. Havia um dilema. Era um gênio ou um maluco? Eis a questão.

Boquinha tinha a certeza de que Prefeito era um maluco. Precisava operar não apenas o abdome, mas também o cérebro. E, pelas encrencas que o fizera passar, o próprio Boquinha queria ser o cirurgião...

CAPÍTULO 26
Prefeito pensou que tinha morrido

Prefeito preferia perder todas as eleições, mas não queria entrar na faca, ou melhor, no bisturi. Como sempre fora forte para discursar, tecer argumentos, superar desafios externos, mas não os internos, sentia que estava entrando em uma das maiores enrascadas da sua vida. Ao ver sangue, ficava vermelho como pimentão. Aflito, começou a entrar em crise, mas agora de verdade. Estava ofegante, sem cor, suando muito, com taquicardia, querendo fugir tanto do hospital como de si mesmo. Todo esperto cai um dia em sua própria armadilha. Chegou a vez de Prefeito. Mas tentou pedir misericórdia.

– Boquinha, lembre-se de que Cristo chamou Judas de amigo no ato da traição e perdoou Pedro por negá-lo. Tenha piedade deste grande pecador.

– Prefeito, o problema é que também sou um grande pecador. Não sou Cristo. – E, aproveitando o momento, perguntou: – Quantas vezes você me traiu?

– Nunca.

Boquinha acreditou. Prefeito tinha todos os defeitos, mas não era traidor. E, apelando para o emocional de Boquinha, acrescentou:

– Mas cuidei de você diversas vezes quando estava doente. Dividi meu pão outras vezes. Enfrentei bandidos com você. Apanhei da polícia por sua causa. Aprontei mil e uma junto de você.

Era tudo verdade, e Boquinha sabia disso. Tinha a convicção de que Prefeito era seu melhor amigo, uma pessoa fantástica, criativa, capaz de correr todos os riscos pelos outros. Porém imperfeita, muito imperfeita. Mas, como os erros dele eram muitos, Boquinha sentiu que precisava dar-lhe uma lição bem dada para abrir seu cérebro.

Depois que Prefeito vomitou seus erros, Boquinha olhou com os olhos de lobo para os enfermeiros e lhes pediu.

– Peçam para os médicos salvarem meu amigo. Tenha uma excelente cirurgia, Prefeito! Tchau, *bye, bye*.

Chocado, Prefeito percebeu que só se livraria do seu destino na garganta, se metesse a boca no trombone. Começou a gritar sem parar.

– Tirem-me daqui! Não estou doente! Troquei as plaquetas de identificação! Socorro!

Nesse momento, o paciente com quem ele trocara as plaquetas saiu do quarto e disse:

– Está tudo certo. Não houve troca de plaquetas. – E contraiu as sobrancelhas várias vezes, sentindo o gosto da vingança.

Ricardão tentou acalmá-lo:

– Calma, seu Guimarães.

– Guimarães? Sou Barnabé! Sou um líder do povo. – Guimarães era o nome do outro.

– Fique tranquilo, seu Guimarães, alguns pacientes deliram antes da operação.

Minutos depois que Prefeito entrou na sala cirúrgica, rapidamente Boquinha, com a consciência pesada, enviou a informação de que o paciente estava de fato com a identificação alterada.

Os enfermeiros conseguiram evitar a cirurgia a tempo, mas não a anestesia. Anestesiado por engano, Prefeito foi para uma sala de recuperação até que passasse o efeito. Lá sonhou que tinha morrido e ido para o céu. No céu, começou a fazer campanha política para organizar algumas coisas.

Os amigos foram autorizados a entrar na sala onde o golpista se recuperava. Aos poucos ele começava a acordar. Não satisfeito por tudo que sofrera nas mãos de Prefeito, Boquinha resolveu pregar-lhe outra peça.

Começou a se lamentar fingindo que ele estava morto sobre a maca. Os demais membros do grupo fizeram a mesma coisa. Ao abrir os olhos, Prefeito começou a ouvi-los dizer:

– Coitado, morreu tão jovem – disse Boquinha.

– Puxa, era um bom amigo – expressou Salomão. Prefeito abriu um sorriso e disse:

– Gente, estou vivo! Júlio César comentou:

– Nunca mais ouviremos suas bobagens. Que pena!

– Ei, pessoal, não brinca comigo. Não morri, não! – E tentava chacoalhar o Boquinha, que se comportava como se não estivesse sentindo nada.

– Morreu igual a um porquinho – afirmou Mônica.

– Porquinho? Estou vivoooo! – gritou desesperado. Diante da situação, começou a ter uma crise de ansiedade. Pensou por momentos que estava morto e não sabia. Começou a se beliscar e a dar tapas no rosto para ver se estava vivo ou morto.

Nesse momento, todos se voltam para ele e lhe dizem:

– O Prefeito é um bom companheiro! Prefeito é um bom companheiro! Qualquer um pode negar! – E caíram na gargalhada.

Mordido de raiva, saiu correndo atrás deles. Mas, em seguida, parou e olhou para sua barriga, passou as mãos sobre ela e viu que não tinha sido operado. Em estado de êxtase, proclamou:

– Eureca! Estou vivo! Amém! – E começou a dançar no corredor com alegria incontida. Pegou algumas enfermeiras e começou a rodopiar com elas.

Dois médicos que passavam por ali disseram:

– Não sabia que abriram uma ala de psiquiatria neste hospital.

Refeito do baque, os dois supermalucos e os demais membros do grupo foram para o quarto de Jurema, que já havia saído da UTI. Entretanto, começou a ter sintomas, parecia que estava tendo outro infarto mais fulminante que o primeiro.

Em seguida, deu um grande suspiro e fechou os olhos desfalecida. Quando pensaram aflitos que ela tinha morrido, Jurema se levantou na cama.

– Calma, gente, só estava testando a reação de vocês.

Ela jogou os cabelos para trás, passou um batom vermelho nos lábios e, para surpresa da trupe, saiu andando e cantarolando. Os discípulos estavam boquiabertos, admirados da sua disposição e da sua capacidade de fazer da vida uma brincadeira.

– Sabe por que estou feliz? – perguntou.

– Porque você está viva, é claro.

– Muito mais – respondeu ela. – Por estar viva, livrei-me da boca do Boquinha e da malandragem do Prefeito.

Bateram palmas para ela. Mas Jurema, mostrando uma generosidade e um altíssimo grau de compreensão de tudo que acontecera, aproximou-se dos dois baderneiros e lhes disse:

– Muitíssimo obrigada. – E os colocou um de cada lado do seu ombro e os abraçou e os beijou carinhosamente. Ela sabia que eram terríveis, mas tinha convicção de que eles correram riscos por ela. Ou não! Alguns não tinham essa certeza.

Vendo Jurema abraçá-los, Júlio César ficou indignado. Pensou consigo: "Será que ela se esqueceu de que eles queriam dar-lhe um golpe?". Boquinha, observando-o, olhou para ele e lhe disse:

– Relaxe, imperador. Confie mais.

– Relaxar perto de vocês? Tenho de ficar esperto.

– A vida também é uma brincadeira. Não leve tudo a ferro e fogo, Superego. Dê risadas da sua estupidez – espezinhou Prefeito.

– Quem são vocês para me dar conselhos? Eu não sou estúpido! Não falo bobagens – retrucou o intelectual.

– Pois nós falamos muitas... E, por admiti-las, vamos monitorando nossa estupidez – afirmou Boquinha. E, abraçando Prefeito, ambos saíram dançando pelos corredores. Jurema os acompanhava. Foi a primeira vez que uma enfartada saiu dançando daquele velho hospital.

CAPÍTULO 27
A ilha dos Demônios

Muitos homens e mulheres seguiam o Vendedor de Sonhos. Apareciam quando podiam para beber das suas ideias. Apenas alguns eram íntimos, considerados seus grandes amigos. Certa vez, Fernando Látaro, um seguidor eventual, que era diretor de um presídio de segurança máxima, procurou o mestre para fazer-lhe um pedido.

O presídio era considerado um esgoto social, fábrica de criminosos, depósito de psicopatas, de sociopatas irrecuperáveis. Ficava numa ilha a cinquenta quilômetros da costa, chamada de ilha dos Demônios. Desde que começara a dirigi-la, havia dois anos, cinco rebeliões tinham ocorrido. Três policiais, um educador e dez detentos haviam morrido.

Os transgressores tinham cometido crimes inimagináveis. Alguns mataram suas mulheres, outros, seus inimigos, e outros, ainda, as pessoas que foram vítimas de seus furtos. Alguns eram sequestradores, outros, assaltantes de bancos, e outros, ainda, traficantes de drogas. Lá também estavam terroristas e mafiosos que achavam que a vida alheia não valia mais que uma bala.

Músicos não visitavam a ilha dos Demônios. Religiosos não eram enviados para lá. Filantropos fingiam que a instituição inexistia. A rotatividade de policiais, assistentes sociais, psicólogos e educadores nesse presídio de segurança máxima era enorme. Alguns adoeciam no primeiro mês de trabalho.

Jovens de classe média e média alta também estavam aprisionados nessa ilha. Alguns, por não aprenderem a se colocar no lugar dos outros e a pensar nas consequências de seus comportamentos, feriam, matavam, estupravam, traficavam. Havíamos dado saltos na tecnologia, mas estávamos na infância da sensibilidade e da tolerância. A violência fazia parte do cardápio diário das sociedades modernas.

Abatido, o diretor fez um pedido ao mestre:

– Mestre, fiquei emocionado em ver como você estimula seus seguidores a interagirem, a penetrarem dentro de si e enfrentarem seus conflitos, perdas, falhas. Será que você e seus discípulos não poderiam vender tais sonhos em minha instituição? Quem sabe os presidiários, mesmo perigosos, teriam chances de desenvolver uma afetividade mínima, uma consciência dos seus erros e fagulhas de solidariedade.

Júlio César, como professor de sociologia, conhecia a terrível fama daquele presídio. Pensou consigo: "Como seria possível isso? Quem consegue levar esses psicopatas a se interiorizar? É uma experiência sociológica arriscadíssima. Como levá-los a ver a importância de dividir suas histórias com os outros, se matam sem dar um aviso?". Um educador da ilha dos Demônios foi mais incisivo:

– A sociedade produz seu esgoto e quer se livrar dele a qualquer custo. Mas, apesar dos crimes, são seres humanos. Será que vocês não poderiam contribuir conosco?

O mestre ficou apreensivo e falou em tom baixo:

– Se formos insensíveis e os excluirmos, nós nos igualaremos a eles.

Mas ninguém imaginaria que ele aceitaria esse desafio. Não colocaria em risco a vida dos discípulos. Porém, antes que ele desse uma resposta, o filósofo das ruas, o primeiro supermaluco do grupo, respondeu pelo mestre e por todos.

– Mas é claro que topamos ensinar esses garotos!

Vendo Boquinha dar sua opinião, Prefeito entrou na onda.

— Umas belas palmadas naqueles meninos e tudo se resolverá — brincou Prefeito.

Ingênuos, não sabiam o que falavam. Eles haviam sido espancados pela polícia e presos por alguns dias em delegacias com outros alcoólatras e "ladrões de galinhas", mas desconheciam a ilha dos Demônios, não sabiam que poderiam não sair vivos daquele lugar se tentassem o que ninguém havia tentado. Eufóricos, o diretor e os funcionários aplaudiram os dois faladores:

— Bravo! Muito obrigado!

— Obrigado, meu povo — falou entusiasmado Prefeito, sem saber que estava brincando com fogo, muito fogo.

O mestre dessa vez ficou muitíssimo pensativo, quase sem respiração. Conhecia o terreno em que fora convidado a pisar.

— Vocês acabaram de aceitar uma missão para atuar num presídio de segurança máxima — disse o mestre aos dois petulantes.

Boquinha caiu em si. Com um nó na garganta, perguntou:

— Presídio de segurança o quê...?

Após um momento de reflexão, o mestre reafirmou e comentou:

— Segurança máxima! Apesar dos riscos, pode ser uma oportunidade única para venderem solidariedade num ambiente onde é quase impossível sonhar.

Fernando Látaro deu todo o apoio:

— Ofereço-lhes toda a segurança que temos disponível.

Afinando, Boquinha tentou dar uma desculpa para não aceitar a missão. E usou Prefeito para isso:

— Prefeito, estou sentindo que você está pálido, abatido, sem cor. Acho melhor ser internado novamente. — Percebendo a tramoia de Boquinha, Prefeito o enfrentou.

— Hospital? Se eu ver o Ricardão novamente, eu infarto. Prefiro enfrentar os meninos do presídio.

Prefeito não sabia em que armadilha estava se enfiando. Não tinha qualquer noção de que, na hora em que estivesse na ilha dos Demônios, preferiria a mesa cirúrgica. O mestre, após certificar-se de que seus discípulos teriam um batalhão de policiais os protegendo e sabendo que Júlio César tivera alguma experiência com teatro quando estudava, disse a eles:

– Por que vocês não encenam uma peça teatral e a partir daí explicam para os presidiários a formação dos seus fantasmas emocionais e os estimulam a se reinventar, se reconstruir? Quem sabe Júlio César poderia escrever essa peça e dirigi-la! – E fitou os olhos do intelectual.

Júlio César quase desmaiou de medo. E, de sobressalto, o irresponsável Prefeito, saindo do desânimo para as raias da euforia, deu uma de herói em cima da turma.

– Excelente ideia! Eu posso ser o macho dessa peça, o ator principal do pedaço, e Boquinha pode ser a atriz principal desvairada, complicada.

Não havia nenhum roteiro ainda, mas Prefeito já dava as diretrizes e definia os personagens. Boquinha não gostou da ideia. Empolando a voz, imitou Prefeito e debochou dele:

– Povo meu, este estapafúrdio homem público, vulgo Prefeito...

– E fez uma pausa.

Prefeito gostou de ser chamado de estapafúrdio, embora não soubesse que significava atrapalhado, confuso, perturbado. E, completando Boquinha, afirmou:

– Sim, este homem é o exemplo de um miserável que tinha tudo para dar errado. E, por fim, deu errado mesmo. – E caiu na risada.

– Boquinhaaaa! – reclamou Prefeito.

Os dois descarados brincavam com tudo e com todos, e nas horas mais impróprias. Engasgado, Júlio César olhou para a professora Jurema e disse-lhe baixinho e quase sem palavras:

– Você sabe o que é a ilha dos Demônios?

– Sim. Seremos fritos vivos. E, se alguém sair vivo de lá, certamente será jurado de morte! – disse a idosa professora, que era valente, mas sabia que tudo tem seus limites.

Mônica ouviu a conversa ao pé do ouvido e tremeu. A genial professora fez essa afirmação porque conhecia a famosa instituição. Já havia orientado alguns dos seus alunos de pós-graduação para aplicar em determinados grupos de presidiários da ilha técnicas psicopedagógicas derivadas das teorias de Morin, Piaget, Freud, Vygotsky, mas os alunos foram rechaçados. Saíram corridos, feridos, vaiados. Alguns fugiram quase sem roupas. Muitos daqueles homens cometeram múltiplos crimes e tinham mais de cem anos de condenação. Mofariam na prisão. Não tinham mais nada a perder. Detestavam ser importunados.

Vendo a arriscada missão, Júlio César recuou.

– Mestre, me desculpe, mas estou fora! O risco é altíssimo. Andar com Bartolomeu e Barnabé é suportável, mas trabalhar com eles para educar psicopatas da ilha dos Demônios é insuportável. Você ajudou-me a ter amor à vida. Não quero, portanto, tentar me matar outra vez.

Boquinha o provocou:

– Olhe aí, gente. O grande educador mijando pra trás!

Júlio César ficou irritadíssimo com suas palavras. Jamais aceitava que um aluno ou professor o desafiasse. Antes que retrucasse, foi bombardeado novamente. Agora, por Prefeito.

– Boquinha, esses intelectuais são uns bananas. Gostam de criticar os políticos, mas não põem as mãos na massa – falou o homem público.

– Superego, curta sua insegurança, que eu e Prefeito resolveremos essa parada sozinhos. Avante! – novamente o espetou.

Júlio César começou a morder os lábios de raiva. Mas, de repente, no calor da ansiedade, seu instinto animal se acendeu. "Se aceitar fazer a peça e colocá-los em papéis perigosos, poderei calá-los para sempre. Serão engolidos pelos psicopatas da ilha dos Demônios. Será minha grande oportunidade para me vingar desses miseráveis falastrões. Eles me pagam", pensou.

– Ok, aceito! – falou, um tanto inseguro. Esqueceu-se de duas palavras que insistentemente o Vendedor de Sonhos lhes falava: "compaixão" e "compreensão". Foi cegado pela vingança. Não podia admitir que um intelectual fosse ultrapassado e zombado pelos incultos, iletrados e maltrapilhos da sociedade.

Todos ficaram felizes com sua aceitação. Carregaram-no nos ombros. Caíram na sua armadilha. Mas, lá no fundo, ele temia que poderia estar dando um tiro no próprio pé...

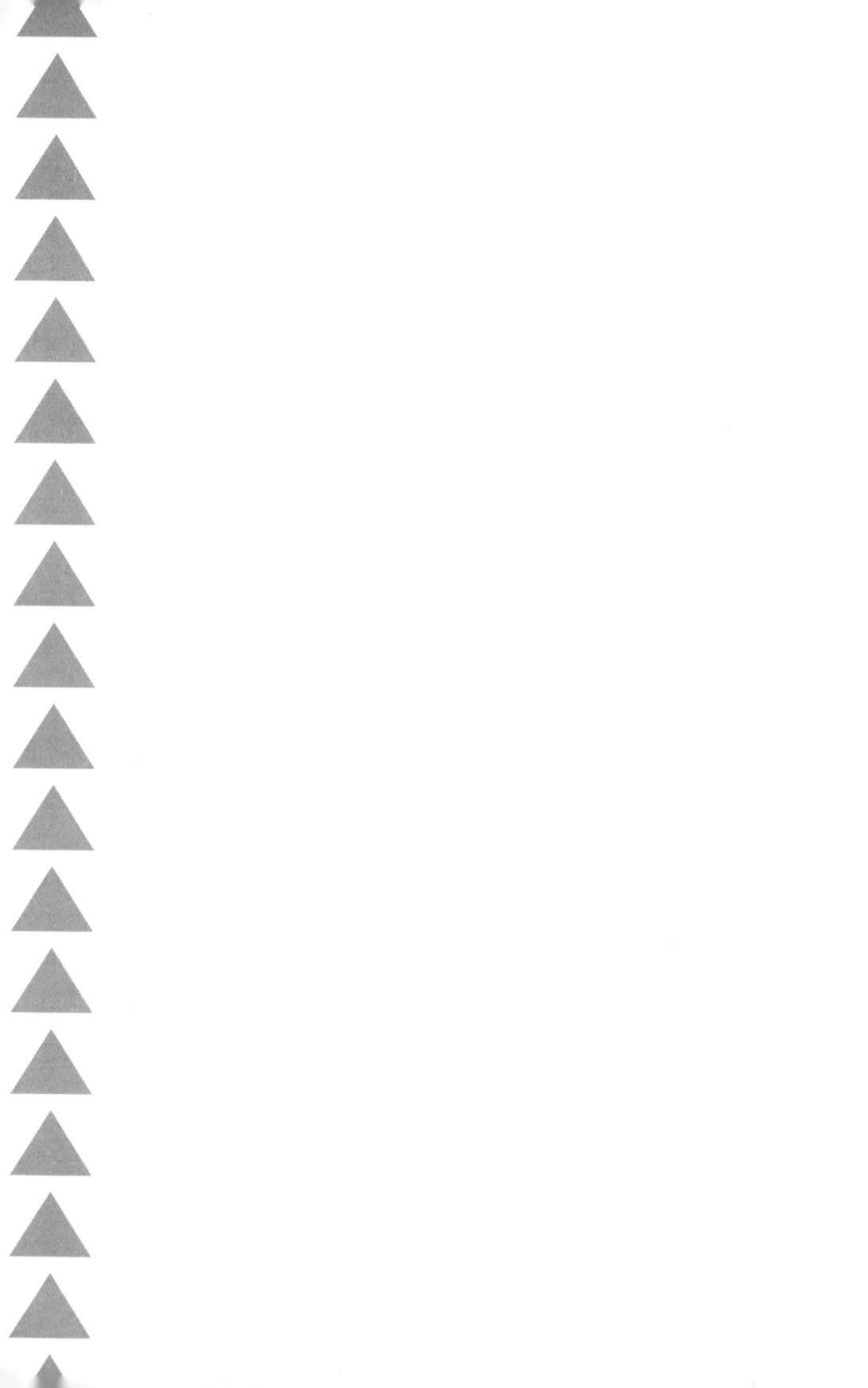

CAPÍTULO 28
Ameaçados na ilha dos Demônios

Nos tempos em que fazia faculdade, Júlio César escrevera duas peças teatrais e dirigira seus colegas para apresentá-las. Agora o desafio era muito maior. Estava lidando com pessoas insubordinadas, indisciplinadas, que, ao mesmo tempo, gostavam de improvisar, dizer coisas fora do *script*.

Uma coisa foi escrever o roteiro, outra foi ensaiar os personagens. Júlio César quase teve um ataque cardíaco. Boquinha e Prefeito, que ficaram com os papéis principais, não decoravam o texto, criavam falas inexistentes e faziam brincadeiras em excesso. Ensaiavam debaixo de viadutos, nas praças, nas ruas.

— Diretor, estou me surpreendendo — disse Boquinha a Júlio César. — Descobri que sou um ator de fino talento.

— Se os diretores de "Hollivod" me descobrirem, tomo o lugar do "Tonzinho Cruz", do Robertinho Niro e do Chaplin — disse Prefeito.

— Não é Hollivod, é Hollywood — corrigiu Mônica.

— Bem sei, querida Mônica, mas um político do meu calibre tem de falar igual ao povo — disse, com a voz impostada.

— Chaplin já morreu há muito tempo — corrigiu Salomão.

— Morreu? Mas não no meu coração, Salomão — saiu pela tangente. Depois de ensaiar uma semana, foram à famosa ilha dos Demônios. O barco que os transportou era uma velha balsa de cem pés.

Os assentos eram de madeira. A pintura branca estava descorada. Os motores roncavam, cansados. Havia cinco seguranças a bordo.

Os cabelos dos discípulos revoavam ao sabor do vento, tocavam suavemente seus olhos, gerando laivos aprazíveis. A brisa do mar perfumava suas narinas e os desintoxicava dos odores fétidos dos viadutos lúgubres sob os quais faziam reuniões. A velha embarcação quebrava as orgulhosas ondas, gerando pequenas marolas que se diluíam perante os olhos. Parecia um dia inesquecível. E o era. Sem saber a guerra que enfrentaria, Boquinha comentou:

— Ah! Adoro uma mordomia.

— Vou fazer a plateia chorar — comentou Prefeito.

O timoneiro, ao ouvir suas palavras, coçou o nariz e confirmou:

— Todos saem chorando dessa maldita ilha, amigos.

Júlio César sentiu um nó na garganta. Sua percepção era de que estavam indo não para um teatro, mas para um matadouro. Ao contemplar a ilha ao longe, seu coração palpitou. Suspeitou que muitas lágrimas poderiam rolar. Só esperava que não fossem as deles. Voltou a face para o pequeno porto de onde tinham partido e tirou o cabelo da frente dos olhos para ver o continente que deles se despedia.

Boquinha colocou a mão direita sobre o ombro esquerdo de Júlio César e lhe deu um susto:

— Superego, depois do *show* que daremos, você dormirá tranquilo para sempre.

Engoliu em seco essas palavras e, antes que reagisse, ouviu mais uma sentença de morte.

— Caro intelectual, a partir de hoje você poderá bater as botas.

Terá cumprido sua missão de vida.

Júlio César perdeu a cor, e suas pernas bambearam. Começou a ter a intuição de que seus planos não dariam certo. À medida que se aproximavam da ilha, a emoção dele e de alguns membros do grupo era invadida por uma aura de pesada ansiedade. Queriam bater em retirada. "Onde estivera com a cabeça para aceitar essa empreitada?", pensou. A inveja começou a ser substituída pelo temor.

Não havia praias ao redor da ilha dos Demônios, somente rochedos, que se elevavam a mais de dez metros de altura. As ondas se arremessavam contra as rochas com violência, produzindo um barulho ensurdecedor. A paisagem tétrica, destituída de vida, revelava a vegetação costeira devastada, como as almas ali alojadas.

No alto se estendia uma muralha de pedras de quinze metros de altura, percorrendo a silhueta do seu entorno. Era um forte do Exército. Presos políticos e conspiradores haviam sido depositados ali no passado. Assim como a Muralha da China, o medo motivava grandes construções. Depois de minuciosa reforma, a portentosa construção tornou-se um presídio de segurança máxima, o mais respeitado e o mais temido do país. Porém, um paradoxo se desenhava. Aprisionavam-se corpos, mas não mentes. Os pensamentos jamais se submeteram ao concreto ou se curvaram ao ferro. Fugas eram constantemente tramadas.

O diretor omitiu que um mês antes houvera um motim e tentativa de fuga numa das alas do presídio. Morreram dois policiais e alguns criminosos. Mais de trinta pessoas foram feridas. Queria usar a arte do frágil grupo como forma de lazer para aliviar as tensões internas. Nova revolta pairava no ar.

Ao entrar no presídio, passaram por detalhada inspeção. Cinco homens os revistaram rigorosamente. Ao penetrar no palácio dos encarcerados, à exceção de Boquinha e de Prefeito, que, por serem alienados, se desligavam da realidade, os demais membros do grupo sentiram medo e aversão.

A paisagem do exterior era insólita, a do interior, cáustica. Pequenos jardins com grama mal aparada tocavam sem encanto suas retinas. Não havia flores, não havia árvores, não havia graça. Paredes desgastadas, pintura escura, buracos nas estreitas ruas, matos nas frestas. A imagem era punitiva. O sonho dos perigosos infratores não era pagar sua dívida social, mas fugir do inferno.

Homens com metralhadoras em cima da muralha guardavam o presídio, sabendo que cedo ou tarde outra rebelião explodiria. Matar ou morrer não fazia grande diferença para aqueles cujas esperanças se haviam esgotado. Ao se dirigir para o anfiteatro, passaram por um imenso pátio central com celas nas laterais.

Raros eram os criminosos que estavam "livres", no pátio. Alguns estavam ali por bom comportamento, outros, por suborno, e ainda outros, para diminuir as tensões internas. Havia facções locais e ódio mortal entre elas. Os olhares dos criminosos dirigidos ao grupo davam calafrios. Os presidiários os encaravam como intrusos. Expressavam um sentimento de raiva.

Boquinha, ao ver um presidiário encarando-o, teve a coragem de dizer:

– Como está a vida, amigo?

O sujeito não lhe deu resposta. Queria comê-lo com os olhos. Os membros do grupo se arrepiaram de medo. Prefeito, que como sempre parecia fora do espaço, brincou:

– A raiva mata seu hospedeiro. Relaxa, garotão.

O cara armou um murro, mas, vendo os guardas se aproximarem, se conteve por alguns instantes.

Logo em seguida, um criminoso condenado por assalto a bancos e dois assassinatos, que tinha tatuagens nos ombros e no peito, disse aos brados a seus companheiros:

– Estão nos visitando como visitam animais num zoológico.

– E imitava diversos animais, de elefantes a leões.

A professora Jurema perdeu o equilíbrio e começou a ter vertigem. Dimas, um especialista em pequenos furtos, parecia um bebê diante da violência daqueles homens. Salomão estava febril e suava muito. Edson fazia rápidas e silenciosas orações para afugentar o fantasma do pânico. Estava sem voz. Júlio César estava quase urinando nas calças. Mônica, a bela modelo, usava roupas largas para disfarçar as curvas do corpo e uma peruca longa e horrível para disfarçar o rosto.

Boquinha e Prefeito, como sempre, estavam indiferentes ao ambiente. Andavam jogando as pernas como dois *playboys*. Pareciam comandantes de um batalhão de debiloides. Estavam dez metros à frente do grupo, com três seguranças desarmados, pois no pátio era proibido portar armas, já que os criminosos poderiam furtá-las e iniciar uma revolta.

Prefeito, parecendo que estava em campanha eleitoral, por onde passava, acenava, cumprimentava, dava tchauzinhos. Um psicopata, numa cela ao lado direito, a cerca de doze metros deles, ao vê-los andando folgadamente em seu território, ficou irritadíssimo. Cuspiu no chão. Era uma senha que indicava o que os esperava. Os dois também cuspiram no chão, mostrando "solidariedade" ao criminoso ou provocando-o.

Um assassino que havia exterminado uma família de cinco membros, vendo Prefeito engolir bolachas prazerosamente, gritou:

– Prepare-se para emagrecer, gordinho. Vai perder cinquenta quilos.

– Fantástico! Estou precisando – disse o insolente.

Mas seu espírito de político começou a esfriar. Dez passos à frente, um sequestrador ofendeu Boquinha. Bradou, sob o riso de seus companheiros de cela:

– Para onde você vai, maricas? Vem cá, florzinha.

Boca, que não conseguia se calar, olhou de relance para os guardas que caminhavam ao seu lado e cresceu.

– Esse cara me deixou nervoso. Segurem-me! – E fez um sinal com os punhos. Os presidiários reagiram como gorilas querendo quebrar as grades. Tenso, o guarda o advertiu cabisbaixo:

– Moço, aqui, quem não suporta ofensa vai dormir num caixão. Tá a fim?

– Já dormi algumas vezes no cemitério. Não é tão ruim. Fiz amizade com muitos mortos – expressou Prefeito, para espanto dos guardas que o ouviram.

Ele não estava mentindo. Como não tinha casa, nem família, quando alcoolizado, às vezes ia parar em alguns cemitérios. Como ninguém o ouvia e tinha necessidade de falar da sua infância, seus conflitos, seu sentimento de abandono, sentava-se ao lado de um túmulo e ficava horas falando com o morto. Raras eram as vagas para se tratar gratuitamente, então, fez dos túmulos seu consultório de psicoterapia.

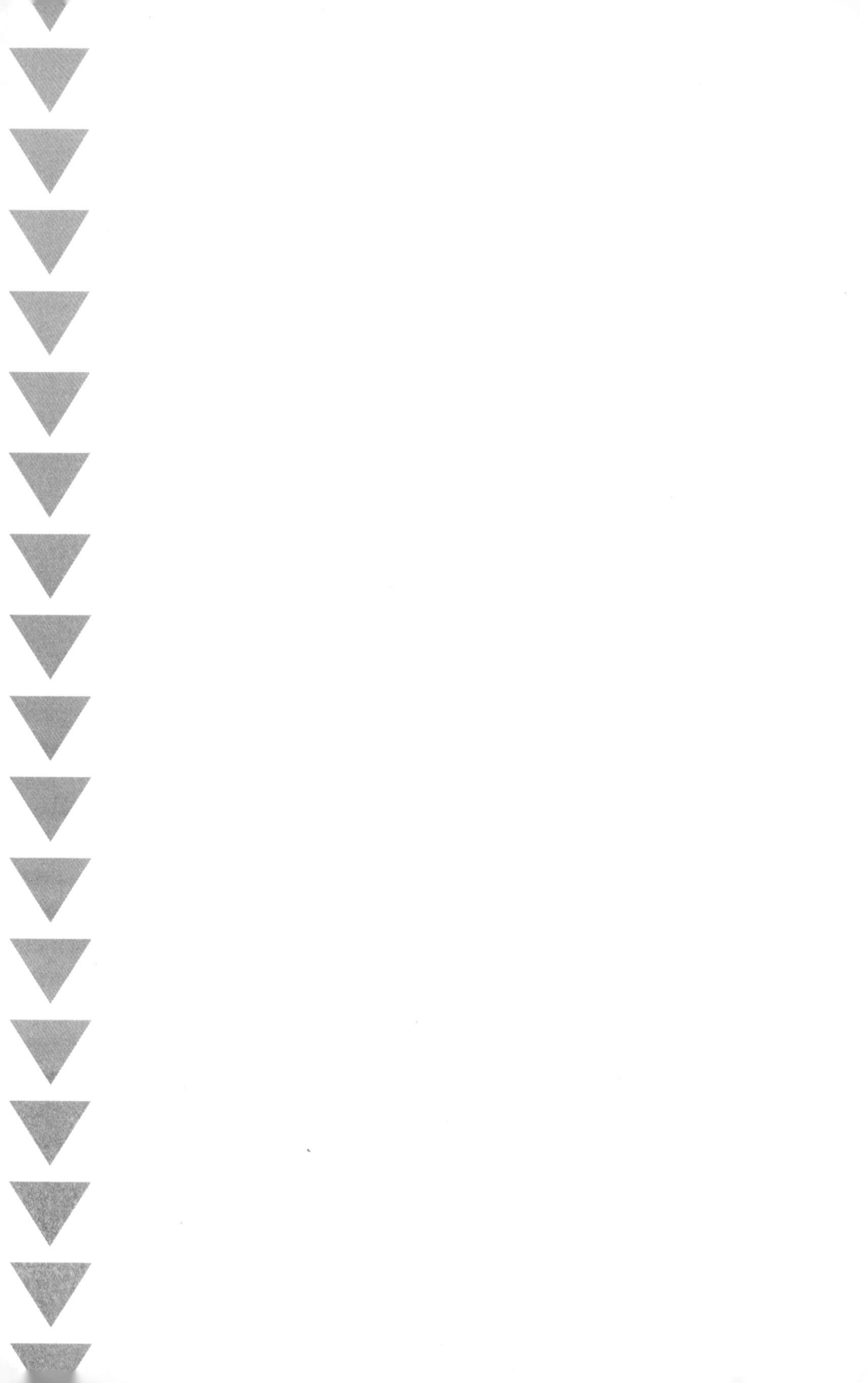

CAPÍTULO 29
A conspiração

Um homem apelidado de El Diablo, com a cabeça raspada e uma cicatriz em cada face, estava sentado no pátio, em um banco do lado esquerdo e próximo de outro criminoso, apelidado de Metralha, musculoso, cabelo curto, com uma cicatriz no lábio direito. El Diablo e Metralha eram traficantes, sequestradores, chefes de facções. Assumiram a liderança do presídio. Eram temidos pelos presos e odiados pelos policiais. Ditavam o "código de honra" na ilha dos Demônios.

El Diablo tinha 120 anos de condenação, e Metralha, 95, fora os crimes que ainda "transitavam em julgado", pelos quais cada um pegaria mais meio século de cárcere. Estavam livres no pátio devido ao poder que detinham. O diretor do presídio sentia que era melhor dar-lhes alguma mordomia do que incitar as feras. Eles se levantaram e foram na direção do mestre e seus discípulos, batendo com o punho direito na mão esquerda, expressando que queriam espancá-los por invadirem um terreno do qual eram os donos.

Rapidamente, o grupo foi conduzido para os bastidores do anfiteatro. Ninguém conseguia se concentrar direito. Júlio César, arrependido, não tinha dúvida de que seu sentimento de vingança o fizera meter os pés pelas mãos. A peça seria não apenas o maior fiasco, mas também um barril de pólvora. Não conseguiriam nem sequer lembrar do texto, que dirá interpretá-lo.

O diretor ficou sabendo no dia anterior que uma revolta estava sendo preparada, mas não cancelou o evento, pois, segundo ele, o cancelamento poderia gerar mais insatisfação. Além disso, queria reunir os líderes do presídio no anfiteatro, mostrar sua força e, ao mesmo tempo, vigiá-los coletivamente. Colocou o grupo em risco para diminuir seu risco.

Os criminosos se dirigiram ao local. Em vinte minutos, a casa estava cheia. Entre os bastidores e o palco, havia uma velha cortina vermelha com alguns rasgos nas laterais e no centro. O palco não era grande. Tinha cerca de 36 m², de modo que os atores ficavam perigosamente próximos da plateia. Paciência não existia naquele ambiente. Os criminosos sentavam e já começavam a reclamar e xingar:

– Vamos logo com essa porcaria!

– Teatro é coisa para meninas!

– Abre logo essa merda de cortina!

Ao ouvir os insultos e perceber o clima tenso que os esperava, Júlio César começou a ter ondas de calor como as mulheres na menopausa e, ao mesmo tempo, viu sua inteligência travar. Não conseguia raciocinar. Havia trinta guardas fortemente armados nos corredores laterais. O mestre, o diretor do presídio, três educadores, dois assistentes sociais e um psicólogo estavam sentados na primeira fila, na lateral esquerda. El Diablo e Metralha, bem como outros líderes do crime, estavam na primeira fila da lateral direita.

Os criminosos começaram a aumentar o tom das ameaças:

– Se não gostar, vou matar um! – esbravejou El Diablo, sob os aplausos dos seus comandados.

– Se não gostar, como o fígado de cada ator – rosnou Metralha.

Estavam sob um ataque de fúria porque tinham percebido a artimanha do diretor de conter o motim usando a peça teatral. Na peça que Júlio César escrevera, havia um narrador na lateral do palco que descrevia a sequência dos atos. Ele seria o narrador, mas queria desistir de sua participação. No entanto, se desistisse, a peça não aconteceria. Seria pior, o anfiteatro pegaria fogo.

Como estava hesitante, Prefeito o empurrou, e ele entrou de supetão no palco. Deixou cair da mão o microfone sem fio. Foi vaiado. A plateia gritava sem parar:

– Vamos logo, bundão.

Tentando se recompor, lembrou-se do tempo em que era professor e seus alunos pelavam-se de medo dele. Faziam um silêncio mordaz quando ele falava com autoridade. Desse modo, o professor de sociologia elevou o tom de voz e começou os cumprimentos. Mas os criminosos não tinham respeito por nenhuma autoridade, só por revólveres e metralhadoras, e olhe lá.

– Quero agradecer ao diretor Fernando Látaro pelo convite.

Quando mencionou o nome do diretor, só faltou engolirem-no vivo. Eram seres humanos raivosos, fraturados, que se sentiam como ratos dentro de um esgoto.

Amedrontado, Júlio César procurou exaltar a plateia para diminuir a tensão.

– Estimados espectadores, é uma honra... – Ao ouvir o elogio, alguns gritaram:

– Vamos parar com essa palhaçada! Outros bradaram:

– Consideram-nos lixo social e você vem nos elogiar? Cai fora, bibelô. E desse modo instigavam seus instintos para partir para o tudo ou nada. Os guardas empunharam suas armas. Desesperado, Júlio César foi logo para o objetivo:

– Gostaria de lhes falar como se desenrolará a peça teatral.

Mas ninguém estava literalmente interessado em ouvir ou ver peça alguma.

– Vai se danar, intelectual estúpido. Puxa-saco do sistema.

Seu coração palpitava tão forte que era possível ver os movimentos de sua camisa de gola polo. Ao ser zombado publicamente, o intelectual teve por alguns instantes um ataque de raiva, e desejou sair dando porrada nos elementos da plateia.

Caindo em si, notou que a violência que condenava naqueles criminosos também habitava dentro dele. E percebeu a loucura que cometeria nesse ambiente saturado de ódio. Sentiu-se pequeno, fragilizado. Queria estar em qualquer lugar do mundo, mas não ali. Todo o seu notável conhecimento sociológico sobre violência e criminalidade tinha virado pó.

Os maiores criminosos do país estavam presos pelas barras de aço, e ele e seus amigos estavam encarcerados pelas barras do pânico. No fundo, eram todos prisioneiros.

CAPÍTULO 30
Chocando psicopatas e assassinos

Profundamente preocupado com o início da rebelião, o diretor tentou assumir o controle. Subiu ao palco e pediu respeito. Em vez de atendê-lo, os internos se levantaram e começaram a bater os pés no chão. Parecia que o anfiteatro viria abaixo. Júlio César não sabia se corria ou se ficava. O tumulto ficara insustentável. Quando os policiais iam entrar em choque com os criminosos, apareceu um fantasma que deu um choque de dez mil volts em todos os presentes: Boquinha.

Ele apareceu tão rápido e deu um grito tão forte que Júlio César quase teve um ataque cardíaco. O diretor também se assustou. A plateia, pega de surpresa, tentou entender por segundos que furacão era aquele.

Usava uma peruca cujos cabelos estavam espetados para o alto e para os lados, como se tivesse saído de um filme de terror. Era a peruca de Mônica. Vestia um conjunto azul-marinho, de saia e casaco e salto alto. As peças que usava eram dos tempos da brilhantina, emprestadas pela professora Jurema. Estava "tão feio", ou melhor, "tão feia" que não despertaria nem a atenção dos mais tarados homens do presídio. Subitamente entrou também Prefeito com uma peruca loira, emitindo sons primitivos junto de Boquinha e se estrebuchando no palco. Era a terapia do grito em cena.

Ao ouvir a performance dos dois baderneiros, Júlio César ficou como que fora de si. "O que estarão aprontando?", pensou. Sentiu que era hora de cair fora. Mas para onde? Estavam numa ilha.

El Diablo e Metralha, vendo seus companheiros distraídos com os dois malucos, bufaram de raiva. Olhavam para todos os guardas a postos, e, quando iam dar a ordem para o levante começar, Bartolomeu e Prefeito se aproximaram deles. Tiraram as perucas, jogaram-nas com raiva ao chão e cruzaram os dedos. Expressaram algo incompreensível.

El Diablo e Metralha, ao vê-los a menos de dois metros de distância, ficaram pasmos com sua ousadia. Os criminosos levantaram a mão direita e abriram e fecharam o punho três vezes, e misteriosamente a plateia se aquietou.

Júlio César, perplexo, ficou imaginando o que significava aquilo. Como podem dois alcoólatras controlar com um sinal aqueles homens que não respeitavam nem o diretor nem metralhadoras? "Será que estou delirando?", pensou. Em seguida, imaginou que o silêncio tinha sido uma estratégia dos líderes do presídio para aguardar o melhor momento para iniciar a rebelião.

Boquinha e Prefeito se recolheram aos bastidores para se preparar, e Júlio César assumiu a cena. Temeroso, foi ao centro do palco. Rapidamente, explicou que seria o narrador da história. Timidamente, o professor de sociologia pediu aos espectadores que prestassem atenção no movimento dos personagens e procurassem compreender como é fácil formar monstros em nossas mentes. Era esse o objetivo da peça que escrevera. E fez um questionamento inteligente e generoso:

– Se pais protetores podem causar conflitos em seus filhos, imaginem o estrago na infância que a presença de pais violentos, privações e abandonos podem causar. Não estamos querendo justificar os seus erros ou crimes, mas entender um pouco como surgem os fantasmas na mente humana, que são capazes de assombrar tanto vocês que estão presos como aqueles que acreditam que estão livres.

Os presidiários ficaram pensativos sobre essa história de fantasmas em suas mentes. As cortinas se abriram. Boquinha, vestido de mulher, lia uma revista. Seu nome era Clotilde. Usava outra cabeleira, mais esquisita que a primeira.

Prefeito, cujo nome na peça era Romeu, fazia par romântico com Clotilde. Colocar os dois no papel de um casal adoidado era a vingança de Júlio César no *script*. Os dois seriam vaiados e escorraçados ao máximo. Claro, havia preparado outras surpresas para os dois, mas estava inseguro em aplicá-las.

Na peça, dona Jurema fazia o papel da mãe de Clotilde. Era uma idosa desnaturada, desregrada, desmiolada. Júlio César comentou que Romeu e Clotilde estavam casados havia dez anos, eram ranzinzas, ranhetas, especialistas em criticar um ao outro.

Romeu era viciado em TV, em reclamar do governo e em falar mal do seu trabalho. Clotilde era profissional em bordar e fofocar. Dimas e Salomão representavam os dois filhos do casal, um de cinco anos e outro de dois anos de idade. O resto da turma estava nos bastidores fazendo sonoplastia. Vendo os presidiários se agitarem novamente, Júlio César começou a narrar imediatamente a história:

— Imaginem, na sala da casa de uma família moderna, uma mulher linda, maravilhosa, lendo uma revista de modas. — E apontou para Boquinha vestido de Clotilde. A plateia assoviou para ela. Animada, ela piscou para eles e começou a folhear a revista do fim para o começo. E, mudando a fala da peça, olhou para a foto de uma modelo e proclamou toda espalhafatosa:

— Linda! Linda! Você parece comigo!

Júlio César pediu para os presidiários continuarem a libertar seu imaginário. E prosseguiu a narração.

— Nessa mesma sala, um pai está assistindo a um filme policial — apontou para Romeu, ou melhor, para Prefeito.

Disse que o filme a que Romeu assistia era um pastelão cujos acontecimentos todos sabem previamente. Lá estavam um herói e um bandido. O mocinho precisava de qualquer maneira prender ou matar o criminoso.

O roteiro do filme não mencionava suas crises e perdas. Frequentemente o cinema elimina os criminosos, sem lhes dar o direito de ter uma história.

A plateia se identificou com a fala de Júlio César. Romeu, ao se imaginar vendo o filme, esqueceu sua fala e mudou o roteiro da peça de Júlio César. Não torcia para o mocinho vencer o bandido, mas para o bandido vencer o mocinho. Dava chute no ar, murro na poltrona, urrava. Queria entrar na própria TV. Aos berros, disse:

– Porrada nesse mocinho, seu frouxo.

Júlio César parou a narrativa e corrigiu o ator.

– Romeu, na peça você não está do lado do bandido.

– É mesmo? Esses sem-vergonha da plateia me contagiaram – brincou, com inteligência. A plateia deu risadas da sua improvisação.

CAPÍTULO 31
Acerto de contas de Jurema

Prefeito e Bartolomeu, devido à Síndrome Compulsiva de Falar, continuaram acrescentando falas que não estavam no *script* de Júlio César, o que o irritava. Clotilde, ou seja, Boquinha, começou a ter comichões no cérebro. Deixou de lado a revista de modas, saiu da sua poltrona e caminhou até Romeu. Ao se aproximar dele, apontou para a TV e disse:

– Benzinho, meu grande político frustrado. Olhe o cafajeste batendo na mulher. Como um grande líder, você admite essa violência? Na verdade, Boquinha jogara sujo, queria colocar fogo no circo, atiçar o espírito de Prefeito. E deu certo. Num sobressalto, Prefeito esqueceu-se do personagem Romeu e, sentindo-se o protetor dos direitos da mulher, proclamou:

Como um dos líderes desta grande nação, proclamo que quem bater numa mulher, ainda que seja com uma flor, será castrado.

– Você é o melhor homem do mundo – disse Clotilde, mas na verdade lhe preparara uma armadilha. Sem que Prefeito percebesse, "ela" estendeu a mão direita e deu-lhe uma palmada que o jogou longe.

– O que é isso, Boquinha? – disse Prefeito raivosamente. Armou os punhos e preparou-se para a briga. Nada o seguraria. Mas Clotilde, esperta e piscando os olhos, disse-lhe:

– Benzinho! Nem com uma flor! Quer ser castrado?

Prefeito, como estava na pele de Romeu, mordeu os lábios, prendeu o fôlego. Sentiu que o miserável do Boquinha estava usando o teatro para fazer novos acertos de contas. Tentando se controlar, olhou para a plateia, depois para sua "esposa", e tentou manter a pose.

– Clô, queridinha, você quase me fez beijar a lona!

– Esse nocaute é por todas as maldades que me fez – disse, rememorando alguns apuros que ele o fizera passar. Inclusive pelos ratos que ele colocara na sua calça. Boquinha tinha medo dramático de ratos até hoje por causa das brincadeiras maldosas de Prefeito.

Subitamente outro personagem improvisou. A professora Jurema, na pele da vovozinha, veio por trás de Romeu enquanto ele discutia com Clotilde e lhe deu um chute no traseiro com vontade. Em pânico, ele deu um pulo e ouviu da vovozinha os motivos da agressão:

– Isso é por você querer tomar minha grana quando eu estava no hospital, seu vagabundo. Tire a bunda dessa poltrona e vá trabalhar. – Ele bufou de raiva, e ela fez sinal de castração.

A plateia de criminosos não entendeu nada, mas novamente sorriu. Nunca viram uma cena tão real e engraçada. Não sabiam que a peça não havia começado.

Entusiasmadíssima, Clotilde se derreteu em elogio para ela:

– Você é a melhor mamãe do mundo.

– Obrigada, querida. – E comentou com Clotilde: – O zíper nas suas costas está abaixado, deixe-me levantá-lo, filhinha.

– Claro, "mama"! – expressou ingenuamente.

Quando Clotilde, ou melhor, Boquinha, se virou, a idosa professora Jurema deu-lhe também um chute no meio do traseiro, com mais vontade ainda. Boquinha saiu correndo assustado e, olhando para trás, disse, apavorado:

– Está louca, Jureminha?

A professora Jurema lhe disse:

– Estou começando, seu malandro, quer dizer, malandrinha. – Fazia muito tempo que esperava uma oportunidade para fazer também seu acerto de contas com Boquinha.

Romeu gostou:

– Grande pontaria, vovó. Vou indicá-la para a seleção de futebol.

El Diablo, que era um homem carrancudo, mal-humorado, que só sorria ironicamente, se soltou. O gigante começou a relaxar. Nunca vira uma velhota enchendo o traseiro de marmanjos.

– Dá-lhe, velhinha – disse El Diablo com entusiasmo.

– Sobe aqui em cima que esquentarei sua poupança também – desafiou Jurema, que detestava ser chamada de velhinha.

Acalmados os ânimos, os personagens voltaram a seguir o *script*, pelo menos por alguns instantes. A mãe de Clotilde voltou a se distrair com suas costuras, Romeu a se concentrar na TV, e Clotilde a ler a sua revista de moda. Júlio César respirou aliviado e voltou à narrativa. Comentou:

– De repente, nessa desvairada família, quando não se anunciava mais nenhuma tempestade no ar, eis que entrou um personagem ameaçador na sala onde todos estavam e quebrou a rotina – disse Júlio César aos criminosos, e lhes perguntou: – Que personagem é esse?

Todos ficaram pensativos. Alguns pensaram que fosse um assassino, outros que fosse um policial portando uma arma com *laser*.

Júlio César frustrou a imaginação deles. Gritou:

– Um ratinho!

A plateia expressou:

– Aaaahhh!

Estavam desapontados, mas não sabiam que chegara a vez de Júlio César criar um clima de terror e também acertar suas contas. Não sabiam que o grande Boquinha tinha pavor de ratinhos. O ratinho estava no roteiro, no entanto, o ratinho usado seria eletrônico, *made in China*. Mas ninguém sabia que ele o trocaria por um rato verdadeiro. Seu instinto de vingança veio novamente à tona. Lembrou-se rapidamente das diversas vezes em que Boquinha o chamara de Superego e dissera que os intelectuais não davam a cara para bater.

Sentiu que esse era o momento único para que o filósofo das ruas engolisse a própria língua e pagasse suas dívidas com juros e correções diante daquela turba de infratores.

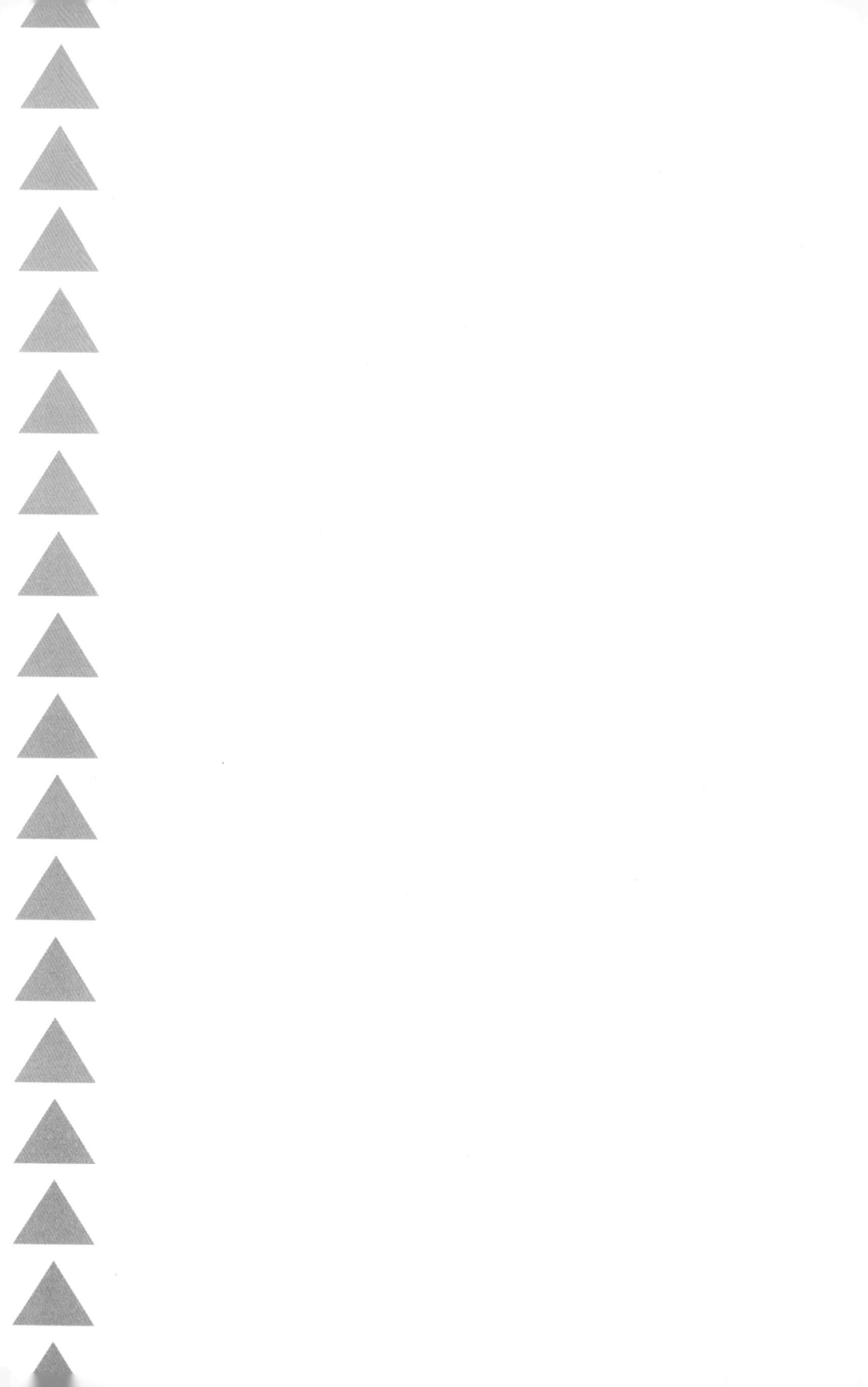

CAPÍTULO 32
A maior crise da história

Os homens que assistiam ao espetáculo já haviam enfrentado metralhadoras, pistolas automáticas, rifles AK-47, escopetas. Agora começariam a entender que os terremotos nasciam de um pequeno deslize de placas no subsolo, que uma montanha é formada de minúsculas partículas de areia, e um oceano, de diminutas gotas de água. Entenderiam que alguns estímulos podem causar grandes traumas na mente e mudar a história de um ser humano.

Júlio César soltou o ratinho verdadeiro. Quando Clotilde viu que o ratinho se movia como um ser vivo, detonou um gatilho em seu córtex cerebral, abriu uma janela no seu inconsciente onde dormia um monstro que imediatamente dominou sua emoção. O ratinho físico libertou o fantasma do medo contido nos bastidores da mente de Boquinha.

O homem forte, falador, ousado, intrépido, destemido, que resgatava suicidas de monumentos, evaporou-se como gotas de água em uma frigideira. Deu subitamente um grito estridente e verdadeiro que quase matou de infarto Prefeito e o pessoal da plateia. Seu rosto ficou transfigurado. Ficou uns trinta segundos em transe. Assustado com a reação de Boquinha, Prefeito não sabia se estava ocorrendo um terremoto, um ataque terrorista, e esqueceu-se até de que estava dentro de um presídio. Ficou sem ar. Agora que estava sóbrio, teve sentimento de culpa. Sabia que era um dos responsáveis por expandir esse trauma psíquico. Nada disso foi programado.

A professora Jurema, percebendo que o rato era real, começou a passar mal de verdade. Seu medo não era pavoroso como o de Boquinha, mas tinha pequenas crises diante do animal. Júlio César começou a abaná-la com uma mão enquanto, com a outra, segurava o microfone para continuar a narração. Percebeu que as coisas fugiam do controle. Clotilde estava em cima da poltrona, gritando como louca:

– Mate esse bandido, Prefeito! E Júlio César narrou:

– Mas só havia um bandido na tela, no filme a que Romeu assistia. Então, Romeu – disse ele enfaticamente –, que havia muito tempo não acertava o alvo de nada, não matava nem uma mosca, pegou seu sapato com a maior fé do mundo e atirou no ratinho.

Romeu de fato atirou o sapato no ratinho, e o ratinho desviou-se. Tomado pela raiva, Romeu pegou outro sapato e, mirando no monstro, errou de novo. Pegou a sandália de Clotilde e atirou com mais força no ratinho, que corria de um lado para outro. E errou o alvo.

Fazendo uma pausa, Júlio César interpretou:

– Claro que errou o alvo, senhores! Esse ratinho tinha mais qualidade de vida que Prefeito, ou melhor, Romeu, fazia exercícios físicos todos os dias, enquanto esse miserável comilão era um fracassado político, pregava o traseiro na poltrona e só reclamava da vida.

Romeu começou a tossir, olhou feio para Júlio César e não gostou de ser debochado. Boquinha, por sua vez, percebendo que Prefeito era um desastre na artilharia, procurando provocá-lo para destruir de qualquer maneira o ratinho, mexeu com seu orgulho. Foi longe, e o espetou na raiz da alma.

– Seu político de meia-tigela. Você é um rato ou um homem? Até um animal te controla?

Sentindo-se ofendido, Prefeito disse para ele:

– *Qué pasa, hombre?!*

Aproveitando a oportunidade, Júlio César falou:

— Há dez anos, Clotilde e Romeu se casaram e prometeram diante do altar que na saúde e na doença, na riqueza e na pobreza, jamais deixariam de se amar. Mas agora um bendito ratinho deflagrava uma guerra na casa deles.

Bartolomeu e Prefeito misturaram os personagens fictícios com a vida real. Raivoso por ter sido chamado de rato, Prefeito pegou a revista de Clotilde e a atirou no ratinho. Clotilde disse:

— A revista não, Romeu!

Mas numa guerra vale tudo. Errou o alvo de novo. Clotilde machucou-o mais ainda.

— Você não resolve nada nesta casa, seu sem-vergonha.

Prefeito entrou em crise. Matar o rato era uma questão de vida ou morte. Não podia dar esse vexame em público. Pegou os sapatos do filho, atirou no bichinho e errou. Até o brinquedo deles atirou, mas errou também.

— Você é um bundão, Prefeito! Vive à custa dos outros. Não aguento te carregar, seu palerma!

Romeu começou a bufar de raiva. E, apesar de seu enorme peso, saiu dando pulos no ar em cima do ratinho, emitindo grunhidos horripilantes, como um bárbaro.

— Eu te mato, desgraçado. Vem aqui, miserável. — Entretanto, nada. Era um político de palavras, mas não de ação.

De repente, o ratinho abandonou o palco e foi para a plateia. E algo inacreditável ocorreu. Alguns daqueles valentões começaram a subir nas poltronas de medo do ratinho. Era uma cena inacreditável, que mostrava como a mente humana é ilógica. Não tinham medo de enfrentar metralhadoras ou revólveres, nem polícia ou exército, mas pareciam crianças diante de um indefeso ratinho. Na realidade, o pequeno animal libertava os fantasmas alojados nos porões do inconsciente. Minutos depois disso, um prisioneiro com cara de bravo, fechada, e que não tinha fobia de ratos, o pegou pelo rabo e o devolveu ao palco. O ratinho corria de um lado para o outro. Sob um ataque de cólera, Prefeito começou a fazer chantagem:

— Venha cá, Mickeyzinho, venha com o papai Disney — disse, querendo colocar o ratinho no micro-ondas como uma ex-sogra quase fizera com ele. Mas o ratinho não caía na sua lábia, nada.

Eis que, com impressionante habilidade, o bichinho mudou de posição. Deu um baile no Prefeito e ficou atrás dele. De repente, como se estivesse dando risadas do seu agressor, o ratinho procurou um lugar melhor para se esconder. O imprevisível aconteceu; nem Júlio César, no ápice de seu sentimento de vingança, imaginaria isso. O ratinho entrou nas calças de Prefeito, começou a escalar suas pernas.

Prefeito deu um tranco nas costas e ficou inerte como se fosse uma estátua. Depois soltou um grito tão estridente como o de Clotilde quando avistou o rato.

– Uauuuu! *Qué pasa, ratón*! Aí, não, meu irmão!

Infelizmente, o ratinho, como era um bom alpinista, atingiu as nádegas de Prefeito. E este começou a pular ora como lebre, ora como um cabrito endiabrado. Boquinha foi parar nas nuvens. Afinal de contas, o ratinho o estava vingando. Os criminosos foram ao delírio.

Prefeito dava saltos, urrava, mas o ratinho não despencava. Então, o político das ruas apelou. Soltou uma trovoada de gases. E, com isso, teve a convicção de que o miserável morreria. Afinal de contas, pensou ele, quando um político faz sujeira, todo mundo cai ao redor, inclusive os honestos.

Boquinha desmaiaria diante desse gás venenoso. Mas o ratinho resistiu como um valente e por pirraça ficou mais turbinado. Tinha uma incrível aderência. Vendo-se em apuros e não conseguindo consertar o dramático clima social, o grande político enfim cedeu à sua impotência. Pediu ajuda para o mais frágil e importante dos eleitores, a professora. Disse para Jurema:

– Vovozinha, acabe com esse psicopata. Dê um chute bem dado no miserável.

Jurema não gostou de ser chamada de vovozinha, mas achou uma honra a missão que lhe foi dada. Teria o privilégio de socar o pé no traseiro do político para pagar a bitoca que ele lhe dera no monumento. Claro, era a segunda vez, mas tinha o sabor da primeira. Estava tão eufórica que fez uma pausa de trinta segundos para mirar bem no alvo. Prefeito perdeu a paciência.

– Avante, velhota! Ele está na banda esquerda. – E, tentando descrever a trajetória do miserável do ratinho, começou a usar metáforas. Fez tudo para ela não errar o alvo: – Cuidado! O alienígena está logo abaixo do morro do Pão de Açúcar, ao lado do túnel do tempo.

Os criminosos da plateia aprenderam no submundo do crime a usar a linguagem das metáforas, falavam tudo por jargão – "sujou", "limpou a barra", "pé na tábua" –, mas não a usavam para o bem. Usavam seu imaginário para construir estratégias para furtar, sequestrar, fugir, destruir outros. Quando ouviram a descrição de Prefeito sobre a posição do seu inimigo pela linguagem simbólica, se identificaram de imediato.

Ao mesmo tempo em que descrevia a trajetória do ratinho, Prefeito se arrepiava e se contorcia de cócegas. A plateia começou a ter cólicas intestinais pelas risadas. Jamais isso acontecera na ilha dos Demônios.

A professora Jurema, com o maior fervor do mundo, se aproximou da marca de pênalti, fechou o olho direito, abriu o esquerdo, que era míope, sentiu a visão embaçada e no último momento recuou, ficou insegura. Aproveitou para debochar do grande político:

– Abaixe um pouco seu volumoso traseiro.

Há um momento em que todo corrupto fica desguarnecido. Chegara o momento do Prefeito. Humilhou-se publicamente e obedeceu. A professora preparou-se de novo, apontou e, dessa vez, pimba! O homem dos palanques urrou:

– Uaaaau! *Qué pasa*, velhota?!

E, ansiosa, a professora perguntou:

– Matei? Gemendo, ele gritou:

– Nããããooo! – e reclamou: – Vá ser ruim de chute assim nos quintos dos infernos, vovozinha. Nem para a paraolimpíada seria escalada – disse ele.

Em seguida, Prefeito disse:

– Perdoe-me, Deus, por detestar esse rato, e perdoe essa ditosa mulher por abusar da minha paciência.

De repente, Prefeito começou a se coçar e se remexer todo. Enfiava as mãos por dentro das calças, na parte de trás, e começou a dar beliscões. Um presidiário ansioso perguntou-lhe:

– Para onde foi o ratinho?

Romeu não conseguia falar. O infame invadira seu pudor.

Clotilde arriscou perguntar para seu "marido" também por metáfora:
– Queridinho, o bandido cruzou a avenida Europa? Prefeito olhou para Clotilde e, quase chorando, confirmou:
– Cruzou! O sem-vergonha passou para... para... o outro lado da minha poupança – falou com sofreguidão.
Tenso, o "grande político" implorou de novo para a idosa professora:
– Vou lhe dar mais uma chance, vovozinha. Mas capriche. Mire firme e bata sem piedade no safado.
A professora Jurema ficou felicíssima com a nova chance. Mas, para ela não dar outra bola fora, Prefeito descreveu com precisão cirúrgica a posição do invasor:
– O cafajeste está agora acima do morro do Pão de Açúcar, do lado direito, a quatro centímetros do túnel do tempo e a dez da avenida Europa. Entendeu, mulher de *Dios*?
– Entendi! – disse ela insegura, pois não era especialista em navegação espacial, e teve, infelizmente, de usar a sua intuição espaço-temporal, que não era das melhores, para tentar achar o alvo. Mais uma vez, ela solicitou:
– Abaixe mais seu carnudo assento – disse, para arrepio dele. Cada provocação de Jurema aumentava a temperatura da ansiedade Prefeito. Ele já estava achando que o maldito rato fora preparado sutilmente pelo partido da oposição. Sentia-se derrotado. Sentia que estava perdendo a eleição no primeiro turno e de lavada.
Prefeito abaixou com sacrifício o traseiro e, como o ratinho não parava de se mover, passou a se contorcer como uma dançarina requebrando numa pista. A professora Jurema queria ser ética, mas, diante da cena, não sabia se ria ou se chorava. Tapava a boca para conter a gargalhada.
Ele, vendo sua disposição para chutar, advertiu-a:
– Cuidado com o túnel do tempo, vovó. – E olhou para ela, mostrou um sorriso de apreensão e falou com mais delicadeza: – Confio em você, mamãe.
Jurema não podia errar o alvo de novo. Afinal de contas, gostava muito de Prefeito. Olhou para o gramado, viu um volume sobressaltado na região do bolso direito dele, concentrou-se, preparou-se e chutou com vontade.

— Aiiiiiiii! Aiiiiiiii! Que força dos diabos, está querendo me assassinar, vovozita — reclamou, sem saber se o alvo fora atingido.

Todo dolorido, num esforço dantesco, colocou a mão com sacrifício no local onde a professora chutara, enfiou a mão no bolso e protestou solenemente:

— Você atacou meu sanduíche de queijo, vovozinha. — O sanduíche estava quente, o queijo derretido. Em vez de continuar a guerra, fez uma pausa. Prefeito desconfiou que o rato subira ao morro do Pão de Açúcar porque queria seu sanduíche. Mas jamais daria pão para seu inimigo. Olhou para a eufórica plateia e disse:

— Todo homem precisa de tréguas em suas lutas.

Colocou o sanduíche próximo do nariz, deu uma fungada como se fosse um rato, aprovou razoavelmente o odor e enfiou-o inteiro na sua bocarra. E mastigou com vontade.

— Mas não acertei nem o rabinho do ratinho! — insistiu ela.

— Só o meu! — falou ele, irado, com a boca cheia.

Vendo o rato transitar com liberdade pelas nádegas de Prefeito, ela disse:

— Agora estou vendo seu desafeto.

— Silêncio, vovó, dei uma trégua ao inimigo — disse ele, querendo sentir o mapa que o ratinho estava seguindo. O miserável entrara em seu cuecão. Então, depois disso, o imprevisível, o inimaginável, infelizmente acontecera. Como se estivesse perdendo a guerra, Prefeito gritou:

— Aiiiiiií, nãããooo! Aiiiiií, nãããooo, descarado, despudorado, desavergonhado.

Ninguém entendeu nada. Mas Clotilde sentiu o drama. Curiosíssimos, os presidiários e até os guardas perguntaram, aflitos e em coro:

— Onde ele está?

Prefeito ficou mudo, entalado, entulhado.

Clotilde, querendo zombar de Prefeito, deu sua opinião.

— Está invadindo o túnel do tempo.

Ele virou o rosto para ela e, aflito, indagou:

— Como você sabe, Boquinha?

— Intuição feminina!

Prefeito, inquieto, dava pulos, uivos, urros como os homens das cavernas, e proclamava:

Aí, não, terrorista! Aí, não, assassino! Aí, não, pederasta!

O pessoal quase desmaiou de rir. Até El Diablo ficou com pena de Prefeito. Recomendou aos gritos:

– Solta um flato e mate esse bandido. Em estado de choque, Prefeito disse:

– Estou tentando, *hombre de Dios*! Mas o carro afogou, o escapamento entupiu e o tiro falhou.

Clotilde não suportou:

– Que frase linda!

A relação cômica entre Boquinha e Prefeito era um caso sociológico e filosófico não previsto. Júlio César tentava entendê-los, mas não conseguia. Sempre fora um autoritário chefe do departamento de sociologia, mas, diante de toda a confusão que presenciava, se permitiu pela primeira vez libertar seu bom humor, sua meninice e sua loucura. Soltou um grito de vitória:

– *Yesss*! O rato derrotou o gênio! – E gotejou sobre as calças. Jamais riu tanto. Prefeito e Boquinha olharam para o intelectual admirados. Ele abriu as mãos querendo dizer: "Fui contagiado".

CAPÍTULO 33
O maior sufoco da história

Ao ser derrotado pelo rato e zombado por Boquinha, Jurema e Júlio César, Prefeito ficou num grande dilema. Não sabia se saía da vida pública, abandonava o palco, ou se reunia forças para cair sentado de nádegas e, consequentemente, derrotar o opositor. A sede pelo poder o levou a decidir pela segunda opção. Como se estivesse em plena campanha, elevou o timbre da voz e disse:

— Povo desta plateia, políticos da minha espécie jamais desistem. Resolvi esmagar a oposição com minhas habilidades. Darei um salto mortal jamais visto por essas bandas.

Foi uma atitude de bravura. Esperou o momento certo, olhou para o alto, respirou profundamente e, com uma motivação inabalável, deu um pulo de quase quarenta centímetros. Não foi muito, pois era um sujeito pesado, mas o suficiente para quase se matar. Todos silenciaram.

— Uuuaaauuuu! Quebrei meu delicado traseiro.

Rugiu como um leão ferido, tanto de dor como de vergonha. E o pior estava por vir. Quando suas nádegas colidiram violentamente com o chão, Prefeito sentiu que não conseguiria mais se levantar sozinho. Estava combalido, debilitado e desmoralizado.

Precisou da ajuda de Clotilde, da vovó e de Júlio César. Colocaram o homem de pé e voltaram a ficar a postos. Os dois lados do Pão de Açúcar de Prefeito doíam muito. Para aliviar momentaneamente a dor, ele ficou de pernas abertas e com os dois joelhos fletidos. Apesar da humilhação, pelo menos pensou que havia exterminado seu famigerado inimigo, pois não sentia mais seus movimentos. Mas eis que, ao apalpar seu gigantesco traseiro, sua face foi se modificando, mudando de cor, ficando branca, roxa e depois vermelha. Algo terrível acontecera.

Boquinha perguntou:

– Matou o ratinho? Abalado, o político disse:

– Não! O miserável está mudando de partido.

Ninguém entendeu nada. De repente, Prefeito deu um salto mortal de sessenta centímetros, mas não caiu. E expressou desesperadamente:

– Por aí, não, sem-vergonha! Não apele, seu vigarista!

Curiosos, todos queriam saber para onde o bicho fora. Mas Clotilde, intuitivamente, acertou de novo:

– Queridinho, ele por acaso pegou o metrô? Quase em prantos, Prefeito confirmou:

– Pegou!

"Metrô?", perguntaram todos em coro, um pouco embaraçados. Segundos depois, vendo-o aflitíssimo, entenderam sua linguagem codificada. Mudar de partido era mudar de lado, sair da retaguarda e ir para o *front* da batalha. O ratinho saíra das nádegas, passara pela abertura entre as pernas e fora para o outro lado, um local proibido, onde se encontravam seus órgãos genitais.

Perturbadíssimo e mordendo os lábios, Prefeito expressou, quase sem voz:

– Saia daí, seu descarado, cara de pau, corrupto! – E, abaladíssimo, disse: – Ui! Ui! O miserável está jogando basquete.

O anfiteatro veio abaixo. Criminosos pela primeira vez borraram as calças de tanto gargalhar. Mas não foi o ápice da crise. O pior foi quando o rato atingiu seu aparelho de urinar. Subitamente, Prefeito soltou esta:

— O sem-vergonha está escalando minha Estátua da Liberdade! Aííííí, nãããããoooo, seu miserável! – gritou tanto que todos na ilha ouviram seus gemidos.

O político que zombava do mundo, que levava a vida na brincadeira, que roubava a cena dos outros, que em tudo o que fazia procurava os aplausos, estava arrepiado, horrorizado, horripilado, vexado, envergonhado, encabulado, encalistrado, melancólico, sorumbático, macambúzio, acabrunhado, definhado, combalido, alquebrado. Não havia palavras para descrever sua derrota.

Por outro lado, o demônio do rato perturbou tanto Prefeito que chegara às últimas consequências da infâmia, desonra, desdouro, deslustre, mácula, desaforo, descaramento, cinismo, insolência, audácia, fealdade. Era uma briga de gigantes: o rato e o político. Por fim, o rato venceu mais uma eleição. Venceu com louvores todos os assaltos da luta.

Faltavam palavras para descrever os dois combatentes. Prefeito agia como um dragão da mitologia, e o rato debochava dele como um rinoceronte. Quem olhasse para a plateia de criminosos ladeada por um batalhão de policiais portando metralhadoras não acreditaria na cena. O sorriso e a comédia uniram criminosos e policiais.

Depois de tudo isso, surgiu um grande impasse, uma enorme dúvida. Prefeito tinha a opção de aceitar completamente a derrota, tirar as calças e procurar o rato nos porões da sua intimidade e na frente naquele covil de homens.

Ele pensou nessa opção, mas seu cérebro entrou em crise. Pensou alto:

— Abaixar as calças, jamais.

Ele brigava consigo mesmo. Morreria de infarto, mas não tiraria a roupa. Jamais revelaria sua nudez, nem reconheceria sua fragilidade e a superioridade do rato.

— Lutarei até o fim, mas não me entregarei – pensou alto de novo. Era um homem determinado.

Quando todo mundo acreditava que seria o fim do Prefeito, seu semblante mudou. Não suportou a invasão da oposição. A sua Estátua da Liberdade e seus testículos eram invioláveis. Deu vazão à sua valentia.

Voltou-se para Boquinha e fez um apelo dramático.

– Boquinha, jamais me renderei. O povo me ama. Sem mim, o povo não vive, não respira, não sobrevive nem defeca direito. Eu sou o protetor dele. Preciso continuar no poder.

Ninguém sabia se ele estava dando risadas da vida, de si ou do sistema político. Era um demagogo, um contador de vantagem de quinta categoria. Queria se perpetuar no poder de qualquer maneira, mudaria a Constituição, esmagaria a democracia, controlaria a imprensa. Faria uma ditadura, uniria o poder Legislativo com o Executivo – enfim, ele faria as leis e as executaria.

Confuso, completamente perturbado, proclamou aos berros:

– Usarei minhas próprias mãos para acabar com a oposição! Vou dar um tapão no rato – esbravejou Prefeito.

O bom e humilde político estava mudado. Já não era mais o mesmo. Parecia um imperador. Ninguém mais meteria o bedelho em suas decisões, nem o intelectual Júlio César, nem o filósofo Boquinha, nem a professora Jurema.

Prefeito prendeu a respiração, irou-se, encolerizou-se, enraiveceu-se. Partiria para o tudo ou nada. A plateia sentiu firmeza no homem e passou a segui-lo cegamente.

Pensou consigo: "Basta dar uma bofetada fatal no ângulo certo, que estarei livre". Quando ia agir, Boquinha levou-o a pensar nas consequências históricas.

– Cuidado, você pode ficar aleijado, Prefeito.

Ficou ofegante, pois poderia esmagar seus testículos e destruir sua Estátua da Liberdade para sempre. Teve cólica intestinal.

Mas não ouviu seu conselheiro. O momento era delicado. Ele seduziu a plateia, todos acompanhavam suas ideias, não entendiam os danos que se seguiriam ao ato ditatorial. Foi então que novamente prendeu a respiração, levantou a mão direita, regulou a direção, e, quando ia golpear o ratinho, entrou agora a vovozinha e tirou sua concentração.

– Deixe comigo, meu filho, que dessa vez eu acerto. – E se aproximou para chutá-lo.

– Não! Aqui não, vovó! Se errar o alvo, nem uma tonelada de Viagra me conserta. Essa tarefa é coisa para profissional – falou convictamente.

Cego pelo poder e determinado como nunca o viram antes, fez a segunda tentativa. Fechou os olhos com a mão esquerda, levantou a direita para o alto como se fosse um general comandando a última batalha e armou a bombástica bofetada. Percebendo o risco, todos na plateia procuraram instintivamente proteger a própria genitália. Sem piedade, Prefeito desceu a mão em altíssima velocidade.

Foi tão forte a bofetada que todos fizeram coro:

– Aaaaaaaaiiiiiiiiiiiiiii!

Algo imediatamente sucedeu. Prefeito ficou literalmente paralisado. Ninguém sabia se estava vivo ou morto. Todos fizeram um minuto de silêncio em sinal de respeito pela sua bravura. Depois desse dramático período, em que nem sequer se ouvia uma mosca, perguntaram todos:

– Matou? Matou? – Prefeito não respondia. Estava de boca aberta. Olhos vidrados, parecia uma múmia. A dor era tanta que não conseguia articular as palavras.

– Matou? – insistiram. Mas nada, estava mudo, incapacitado de falar.

Somente alguns minutos depois articulou as palavras. Soluçando de dor, falou com voz pastosa:

– Não matei! Mas fiquei estéril. Esmaguei minhas *bolitas*. Ai, ai!

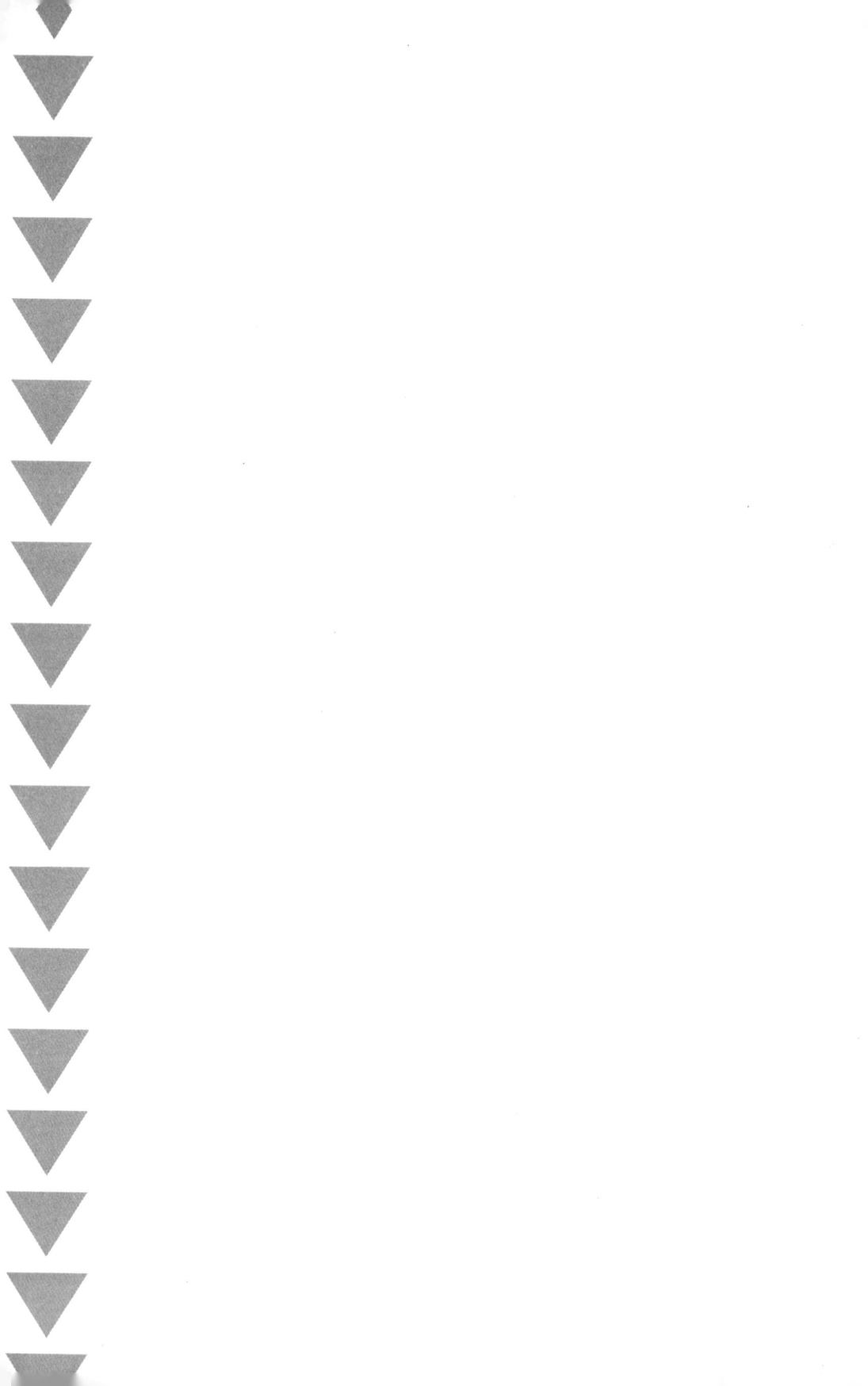

CAPÍTULO 34
Os porões da mente

O ligeiro ratinho venceu, afinal, a última batalha e, portanto, a guerra. Como sempre na história, os grandes políticos, em especial os corruptos, são destruídos por seus próprios atos. Prefeito jamais entendeu que quem ama o poder não é digno dele, pois será usado por ele. Os políticos criam os ratos, e os ratos corroem os políticos.

Não bastasse o vexame e a dor, Clotilde entrou em cena e feriu seu orgulho mais ainda.

— Não tem problema, Romeu, há muito tempo você já não funcionava mesmo.

Prefeito mostrou o punho direito para "ela". O político não vencera o ratinho, mas tinha de dar uns sopapos em alguém, então foi até sua "mulher" para extravasar sua raiva enrustida.

Tremulando o queixo e irreconhecível, se aproximou de Clotilde, ou melhor, de Boquinha. Mas, após dar os primeiros passos, eis que o imprevisível aconteceu. O ratinho abandonou a Estátua da Liberdade, pegou o metrô, desceu o morro do Pão de Açúcar e caminhou pelas pernas de Prefeito lentamente. Tocou o chão. E de repente viu-se que ele estava cambaleante, zonzo, atordoado, estonteado.

Júlio César narrou a cena com paixão:

– A palmada do Prefeito não surtiu efeito, senhores, mas seu grito primitivo foi fatal. Feriu mortalmente o pobre animal.

Todos acompanhavam os lentos movimentos do ratinho. O peralta andava sem equilíbrio, ora pendendo para a direita, ora para a esquerda. Dava uma fungada. Ora parava, ora avançava a passos lentos. Dois metros à frente, ergueu a patinha direita, colocou-a do lado esquerdo do peito, olhou para a plateia como se estivesse se despedindo e infelizmente sucumbiu. Caiu ao chão com as perninhas para cima.

Condoído, Júlio César explicou ao público:

– O ratinho morreu. Morreu de estresse. – E alertou: – Cuidado, gente, o estresse mata muito mais que as armas, desencadeia de infarto a câncer.

Foi então que os policiais e os maiores criminosos do país descobriram que estavam morrendo igualmente pelo ambiente tenso e ansioso em que viviam. Não se sentiam produtivos, construtivos, criativos e contemplativos. Dez criminosos jovens e cinco policiais já haviam enfartado na ilha dos Demônios naquele ano. Vinte estavam com câncer. Inumeráveis outros eram portadores de doenças de fundo emocional.

Clotilde, vendo o ratinho deitado inerte no tapete do palco, desceu de cima da poltrona, olhou para Romeu e nunca o viu tão lindo desde a época da lua de mel. Lentamente se aproximou dele e lhe disse afetivamente:

– Romeu, querido, você é meu herói.

Romeu, sentindo-se o mocinho do filme, o mais destemido dos homens, encheu de ar o tórax, elevou o tom de voz e fez juras de amor:

– Clotilde! Sua miserável, conte comigo que eu sempre te protegerei. Por tua causa aplanei o morro do Pão de Açúcar e tornei-me um homem estéril. Mas saiba que, depois desse rato, não sou mais o mesmo.

Eles deram um beijo hollywoodiano.

Claro, era uma cena. Boquinha tinha nojo da boca de Prefeito e vice-versa. Colocaram ambos uma pequena maçã entre os dentes e fingiram que estavam se beijando. Provocante, Clotilde pulou no colo de Romeu, que caiu e engasgou com a maçã. Foi preciso dar-lhe uma bofetada nas costas para ele expelir a bendita fruta. Depois da pancadaria lombar, zonzo, Prefeito ainda teve ânimo para dizer:

– Clotilde, sua estabanada, o rato quase me assassinou, e você quase me enterrou.

Terminado o teatro, ambos foram ao centro do palco, junto da professora Jurema. E, antes mesmo de se curvarem, os criminosos, temidos por juízes, promotores, FBI, se levantaram coletivamente e aplaudiram e assoviaram com euforia.

Após a sessão de aplausos, Júlio César retomou a fala e disse:

– Moral da história: Clotilde e Romeu foram felizes para sempre até que... – E todos os presidiários responderam coletivamente:

– Outro ratinho aparecesse na história!

Nessa altura, Júlio César assoviou e o ratinho despertou e foi até ele. Para espanto de todos, era ensinado. Depois perguntou:

– Esquecemos alguns personagens?

Todos olharam para o palco e viram dois personagens de cabelo em pé. Sim, haviam se esquecido das crianças. Júlio César começou a explicar que as crianças arquivaram no córtex cerebral a imagem do ratinho mesclada com o escândalo da mãe, Clotilde, e do pai, Romeu. As imagens se fundiram no inconsciente, gerando provavelmente, a partir daí, um medo irracional. O rato deixaria de ser um pequeno animal e se tornaria um monstro.

A linguagem lógica, expressa por informações, conselhos e críticas, usada pelos psicólogos, sociólogos, educadores, não conseguia penetrar naqueles homens taxados de psicopatas, sociopatas, contraventores. Mas a linguagem simbólica usada pelos dois "malucos" teve êxito.

Aqueles homens entenderam, pelo menos um pouco, que, toda vez que a criança estivesse diante do ratinho, o fantasma de dentro seria libertado, assombrando-a. Os criminosos tinham muitos monstros alojados em suas mentes.

Alguns encarcerados fizeram um breve inventário da sua história. Se um pequeno rato podia se tornar um monstro, imaginem os crimes que cometeram. Começaram a refletir sobre algo a que resistiam com todas as suas forças: as consequências dos seus atos. Feriram, mataram, estupraram, extorquiram, causaram sequelas irreversíveis e dores indecifráveis em pessoas inocentes.

Estavam presos para pagar uma dívida com a sociedade, mas jamais saldariam a dívida com as vítimas. Embora muitos deles também tivessem sido violentados na infância.

Quebrando o clima de reflexão, num sobressalto, os dois líderes do presídio, El Diablo e Metralha, subiram ao palco. Estavam bufando de raiva. Prepararam os punhos para destroçar Boquinha e Prefeito. Parecia que o ódio por eles os consumia, pois, sem o saber, desarmaram a plateia e inibiram o motim que iria acontecer. Perderam a chance de fugir, matar ou morrer.

Todos os criminosos se levantaram na plateia. O clima ficou nebuloso. Os guardas apontaram as metralhadoras para o público, e os atiradores de elite focalizaram El Diablo e Metralha. Havia tempos queriam assassiná-los, agora teriam o motivo. Entretanto, algo inesperado aconteceu. Boquinha e Prefeito, em vez de correrem para os bastidores, mostraram também os punhos e se aproximaram dos chefões do crime como se topassem a briga. Estavam assinando suas sentenças de morte.

Júlio César ficou com as pernas bambas. Arrependeu-se muitíssimo de estar ali. Temia pelos seus amigos. O diretor gritava para El Diablo e Metralha recuarem. Sabia que, se a briga acontecesse, o clima de guerra se instalaria. Mas eles não o ouviam. Quando os atiradores de elite estavam a ponto de apertar o gatilho, transformando o clima de alegria e relaxamento num banho de sangue e lágrimas, os quatro abriram os braços e se abraçaram prolongadamente.

Ninguém entendeu nada. De repente, algumas lágrimas começaram a rolar pelos olhos de El Diablo e Metralha. Jamais se viu aqueles homens frios com os olhos lacrimejantes. Foi então que descobriram que Boquinha e Prefeito eram seus grandes amigos.

Os quatro foram meninos de rua, tiveram uma longa história juntos, só anos mais tarde se separaram. Boquinha conheceu El Diablo quando ele ia se matar atirando-se da ponte Presidente Kennedy. Estava no ápice do desespero, e foi o primeiro que ele resgatou do suicídio.

El Diablo era três anos mais velho que ele e muito mais forte também. Boquinha desafiou-o e provocou sua ira. El Diablo desistiu de morrer, projetou sua raiva sobre ele, espancou-o e quebrou-lhe duas costelas. Mas, dias depois, entendeu que esse estranho garoto o resgatara. E assim, após Boquinha sair do hospital, se tornaram grandes amigos.

– Até hoje minhas costelas doem, meu amigo – brincou com El Diablo.

Viveram juntos nas ruas e se uniram com Prefeito e Metralha. Dormiram debaixo de viadutos e pontes. Passaram frio, foram rejeitados, perseguidos, feridos, enxotados. Comiam sobras de comidas e juntos furtavam comida dos restaurantes e feiras.

Não tiveram infância, proteção, afeto, nem escolas preparadas para envolvê-los. Mas o pior de tudo era que El Diablo e Metralha não tiveram a sorte de ter uma Doroty que lhes ensinasse a libertar seu humor, expressar os pensamentos e não ser consumidos pela inveja e pelo ódio. Prefeito era uns três anos mais novo que Boquinha, portanto, o ouvia com mais atenção, e dele recebeu mais influência.

El Diablo disse a Boquinha:

– Histórias semelhantes, destinos diferentes. Hoje vocês são atores, e nós, criminosos, esgoto social.

Metralha acrescentou:

– Dizem que nascemos psicopatas e que somos irrecuperáveis.

Condenam nosso DNA e negam nossas infâncias.

El Diablo tinha oito anos quando sua mãe foi assassinada na sua frente pelo seu pai. Cresceu com ódio mortal dele, que desapareceu e nunca foi preso. Foi viver no mundo. Quando estava alcoolizado, pedia por ela em seus delírios. Mas ninguém o ouvia, só Boquinha, que também estava embriagado. Posteriormente se envolveu com drogas e tráfico. Separou-se com dezessete anos e meio de Boquinha e de Prefeito.

Metralha não conheceu seus pais. Desde pequeno foi criado por um tio, que a partir dos oito anos o usava para vender drogas e fazer outros serviços sujos. Aos dez anos, quando o menino recusou o trabalho, o tio colocou um revólver na sua boca, mas não atirou. Preferiu espancá-lo. Quebrou-lhe o braço esquerdo, fraturou-lhe o nariz e cortou-lhe os lábios, que ainda mostravam as cicatrizes. Foi parar em coma num hospital.

Foram crianças feridas que aprenderam a ferir. Boquinha lhe disse:

– Talvez seja impossível serem felizes nesta prisão. Mas é possível serem menos infelizes do que são. Lembrem-se, vocês sorriram com nossas loucuras. Se domesticarem sua raiva e libertarem suas maluquices, talvez possam estender a lona de um circo para aliviar o calor do deserto.

– Cara, aprontamos muito juntos. O tempo não volta, mas nós podemos voltar no tempo – disse Prefeito.

Entenderam os símbolos e se abraçaram calorosamente. E se separaram. Percebeu-se que os brutos também vertem lágrimas.

CAPÍTULO 35
Curso para a formação de malucos

Não se sabia quais seriam os efeitos que a peça teatral causaria na mente daqueles homens. Mas uma fresta se abriu e a luz entrou, abrindo uma pequena possibilidade para que aquele depósito de criminosos se tornasse um pequeno canteiro de seres humanos.

O governo gastava grandes somas de dinheiro para promover a segurança e nutrir três trilhões de células que constituíam o corpo de cada um dos prisioneiros, mas não nutria o cérebro deles. Contribuía, assim, para que aquele presídio, como os demais, se tornasse uma fábrica de conflitos. Dois terços dos infratores voltavam a cometer crimes após cumprirem suas penas.

Motivado por Boquinha e Prefeito, o Vendedor de Sonhos propôs nutrir a mente deles por meio de cursos de artes cênicas, cursos profissionalizantes e cursos à distância via satélite e pela internet. Doou secretamente generosas somas de dinheiro para viabilizar esse projeto. Acreditava que sem a educação era impossível dar dignidade e quebrar o ciclo da violência.

Depois que os "malucos" estiveram lá e foi implantado esse programa, poucas vezes se ouviu falar em rebeliões. As mortes tornaram-se também raríssimas.

Após a apresentação da peça, o diretor do presídio estava sem voz. Não podia conter a alegria. Alguns educadores, assistentes sociais e psicólogos presentes estavam radiantes. Em certo sentido, também eram prisioneiros. Não sabiam como agradecer ao grupo.

Abraçaram especialmente Boquinha e Prefeito. Foi a primeira vez que dois pirados desarmaram criminosos e policiais sem empunhar armas. Após os cumprimentos, Boquinha não estava satisfeito. Olhou bem nos olhos dos profissionais que trabalhavam na instituição, deu um tapinha nas costas do chefe de segurança e teve o atrevimento de lhes propor:

– Caros amigos, se forem normais, não sobreviverão. Soltem-se, relaxem mais. Para desestressarem, propomos um curso de formação de malucos. Querem se inscrever?

O pessoal ficou surpreso com a proposta. Prefeito deu o tom de seriedade. Afirmou categoricamente:

– Sou mestre em maluquice. Fui eu que treinei Boquinha. Boquinha ficou irritado com essa afirmação. Discordou enfaticamente:

– Mentira, Prefeito! Eu sou o PhD em doidice, você era engessado, quadrado, não tinha ginga. Só reclamava da vida e fazia tudo igual. Você é que foi meu aprendiz.

Ameaçando fazer um discurso, Prefeito comentou com a voz vibrante.

– Que estupidez, caro eleitor. Todos sabem que sou mais doido, pancada e alucinado que você. Dois psiquiatras foram internados por minha causa.

– Eu é que sou mais lunático, tantã e desequilibrado que você. Três psicólogos e dois neurologistas piraram quando tentaram me consertar – falou veementemente Boquinha.

Prefeito tentou, então, se descrever:

– Boquinha, sou tão complexo que sou incompreensível.

– Prefeito, sou tão complexo que sou inexplicável.

E, assim, os dois malucos mais uma vez começaram a disputar um com o outro. Os psicólogos, educadores, policiais, não sabiam se eles estavam brincando ou falando sério. Ninguém sabia, nem o Vendedor de Sonhos. Como nunca um vencia o outro, Prefeito voltou-se para os profissionais e disse-lhes:

– Ok! O importante é que vocês façam o curso. E Boquinha garantiu aos participantes:

– Paguem antecipado. Quem não pirar, devolvemos o dinheiro. E, para começar, ensinaram-nos a cantar a música "Louco genial", que fizeram juntos na adolescência e que era o tema de suas vidas:

Você acorda, levanta, reclama e faz tudo igual
Luta para ser aceito e notado e sair no jornal
Corre atrás do vento como uma máquina imortal
Morre sem curtir a vida e jura ser uma pessoa normal
Olha para mim e me diz com ironia social
Eis aí um maluco, um sujeito anormal
Sim, mas não vivo como você em liberdade condicional
Sou o que sou, uma mente livre, um louco genial
Podem me chamar de pirado, insano, desequilibrado.
Não importa, sou o que sou, sou um louco genial

Ao observar os comportamentos do filósofo e do político de rua, uma coisa era certa: o mundo certamente não seria consertado por eles, mas ficaria mais suave, alegre, divertido.

Fim

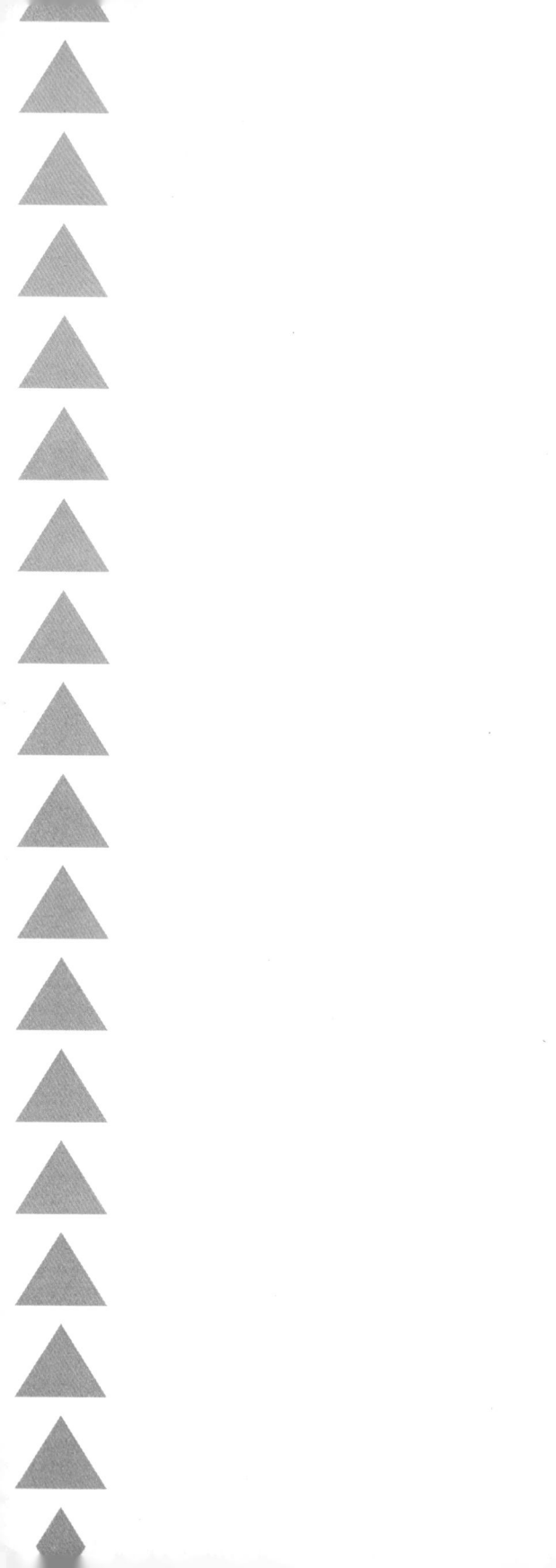

Quando encerrei o livro, ouço um protesto contra mim. Fico assustado.
— Ei, Cury, espere um pouco — falou Boquinha. E reclamou:
— Você tem o privilégio de escrever sobre esse gênio que sou eu e sobre o maluco do Prefeito, e, sem pedir licença, finaliza o livro. Santa paciência. Que falta de educação.
— Concordo contigo, filósofo de quinta categoria. Protesto também — disse Prefeito. E, como sempre, exaltou-se:
— Eu, que sou um notável homem público, exijo continuar discursando. Político sem língua é um avião sem asas. Faz muito barulho, mas não vai a lugar algum.
E, assim, começaram a discutir comigo. Mas eu lhes disse com ênfase:
— Desculpem-me, amigos, mas preciso finalizar o livro! Porém, os dois faladores compulsivos argumentaram:
— E quem disse que um livro precisa ter fim? A história é uma eterna vírgula — filosofou Boquinha.
— Mais que isso, é uma eterna eleição — afirmou Prefeito.
Esses dois endoidam qualquer um. E, assim, talvez tenha sido a primeira vez na história que os personagens reivindicaram o direito de continuar existindo e aprontando poucas e boas depois do livro finalizado. E ambos me disseram:
— Você quer fazer o curso?
— Já me matriculei — confirmei.
Sabendo que me derrotariam com sua incontrolável língua, deixei eles mesmos escreverem o final:
Não há gênio que não tenha sua loucura e louco que não tenha sua genialidade. De gênio e louco todo mundo tem muito mais do que se imagina.
Quer fazer o curso?
A história se movimenta. A história continua...